和田圭司
Wada Keiji
著

日本のこころ、西洋の哲学

医学舎

日本のこころ、西洋の哲学

目次

第二部 西洋の哲学、心理学

はじめに　―本との触れ合い―

五十歳を過ぎた頃から急にいろんな本を読み始めました。当時、和の文化に興味を覚え始めたことも影響したと思います。最初は茶道関係の本から読み始めました。「南方録を読む」から始まり、岡倉天心の「茶の本」、「茶の湯と易と陰陽五行」、その他茶道関係の諸本（中国から来日された大学院生さんが茶を扱った漢詩についてまとめた博士論文も探し出しました）を読んで茶道に流れる精神性から実学（実技）あるいはその理論に触れました。樹木や野草の本、華道の本にも手を伸ばして読んでみました。まったく今まで触れることがなかった世界の話ですから、一つ一つが新鮮でした。

茶室に掛軸はつきものですので、禅語の意味解釈を通して禅や仏教の入門書関係を読みました。人生訓、処世訓のようなものに関心が湧きましたので、あらためて禅の流れに触れることもしました。他方、ある会社のカレンダーに載ったかな文字が読めないことが悔しくて「一週間で読めるくずし字」、「平安かなの美」などの本を読みつつ平安時代を勉強しました。少しずつ文化への興味は茶道なら茶道という一つの事柄を超えて多方面に広がるようになりました。

書の流れに触れるうちに、古文書の読み方関係の本を何冊かかじりました。和歌の魅力にも気づき百人一首も覚えてみようということでトライしました（覚え方については本書にも載せました)。平安時代の精神性はどこから来たのかが知りたくて、歴史を遡ることにしました。その中で吉野裕子さんの全集にも出会いました。仏教が入る前の日本の神々のこともあらためて学んでみました。吉野さんの本の中で易というものに触れたことで、暦というものに関心が湧き、「旧暦読本」、さらに七十二候に関する本などを読みました。知人に勧められた「美人の日本語」を読んだのもこの頃です。多岐に亘る本を読み通すことで日本人のこころというものを意識し始めました。

暦などの実学が発展した時期として江戸時代が気になり、江戸時代の数学、天文学、囲碁などを解説した本を少々読み、暦と気象はつながるということで現代に下って「徹底図解気象・天気のしくみ」なども読んでみました。徹底図解シリーズ、あるいはゼロからわかるなどの入門書は神社や寺のことでもお世話になっただけでなく、西洋哲学、心理学、臨床心理学に関心が広がるきっかけにもなりました。西洋思想の動きに触れることができたことが第一部第三章に述べます「こころの居場所」や第二部「西洋の哲学、心理学」を書くきっかけにもなりました。「こころの居場所」のところでも書きましたが「こころはどこになるか」ということについて若い人たちから思わぬ指摘をもらったことがありました。この出来事も、自分なりに西洋思想の整理をしてみる後押しをしてくれました。

西洋の文化と触れ合いをしつつ資本論や相対性理論にも寄り道をし、ミクロ経済学、マクロ経済学にも触れてみたりしてみました。「財務三表一体理解法」という本にも出会いました。文系の流れの中でも経済関係の本を読んだことで、各時代の経済というものにも興味が湧くようになりました。ものの見方やとらえ方がまた一つ増えました。

思想史ではありませんが、弘兼憲史さんが書かれたワインの本はワインを勉強するきっかけになりました。ワインに触れたことで食品、食材といったものに関心が湧くようになり、時代時代の庶民の生活、食材が気になるようになりました。

日本と西洋に触れたわけですが、あらためて東洋の文化にも触れてみました。漢文関係を何冊か読み、ついで漢詩に移りました。一海知義さんの本を何冊かまとめて読み、そのあと唐詩選に進んだところで、「だれにもできる漢詩の作り方」という本を神保町まで探し求めにも行きました。いつか漢詩を作ってみたいという思いは今も続いています。

漢詩のついでに中国の老子、荘子、論語、韓非子などにも触れ、何と無く仏教と道教と儒教を自分なりにもう一度整理してみました。漢字相手の日々が続きましたが、おかげさまで白川静さんの世界にも触れることができました。あらためて漢字の魅力が発見できました。それにしても漢文、漢詩とひらがなが交差する文化はあらためて素晴らしいと思います。

興味の対象が広がっていきますと普通は収拾がつかなくなるものなのですが、歴史という時間軸をよりどころにしますと自分なりに整理がしやすくなることに気がつきました。といっても、自分の知らないことはまだまだ一杯ありました。そこで、知らないことや知っていても深くは知らないことを備忘録代わりに書き始めました。この備忘録もどきを作ったことが日本史について前著を出版する動機にもなりました。

知らないことがある場合でもかゆいところに手が届く本に出会うこともできました。松岡正剛さんの本などは自分の考えを整理することに役立ちました。同様に、半藤一利さんの「幕末史」、塩野七生さんの「ルネッサンスとは何であったのか」はそれぞれの時代の知識整理という作業を行う上で大変参考になる本でした。「武士道」、「論語と算盤」、「禅と日本文化」などは明治以降に書かれた本ですが江戸時代以前の個人や社会の哲学を学ぶ良い機会となりました。「正座と日本人」という本は茶道、華道など「道」という字が付く文化領域の精神性に関して、当時の精神で行うべきなのか、現代の事情に合わせるべきなのかを考えるきっかけになりました。

これらの本を読んでみて自分で自分の変化についてわかったことが一つあります。それはものの見方が多様になったということです。それまでとは違って、少し視点を引いてものごとをもう少し広角に見る癖がついた気がします。今までなかなか考える時間がなかった現代社会のあり方も、日本とはどういう国なのだろうか、日本人とはどういう存在なのだろうかということ真剣に考えるようになりました。また、社会や個人の哲学というものをあらためて考えるきっかけにもなりました。

そこで、哲学や心理学についてその歴史を振り返りつつ、現代の人と人、人と組織あるいは社会のつながりについて触れてみることにしました。社会は人と人のつながりで成り立っています。当然個人個人の考えというものがありますが、総体としてみた場合、調和が取れていることが往々です。

人と人、人と社会ということで、自己啓発に関わる本、組織論の本、上司部下など人間関係の本、職業柄ですが医療の質に関わる本も読んでみました。医療では医療経済学の重要性も再認識しました。また当時流行のドラッカー関係の本にも触れてみました。話題になる前に先ほどの知人が教えてくれた「ニーチェの言葉」にも触れてみました。新進気鋭の社会学者の人たちの本も読みました。余談ですが、ここまで読んだらということで、医業経営に関する資格試験に挑戦したら運良く通ってしまったということもありました。

つまり、異分野交流がいつの間にか楽しくなってきたわけです。社会全体の未来予測も楽しい作業にいつの間にかなってきました。情報に触れれば触れるほど喜びが湧いてきたわけです。自分の肥やしになる情報をどんどん探し始めました。そこで一つ気がついたことを紹介します。デジタル時代だけれどもアナログも捨てたものではない、ということです。

情報と言いますと、最近の人工知能（ＡＩ）の発展は目を見張るものがあります。第四次産業革命の到来とも言われています。多くの職業がＡＩにとって代わられるとも言われていますが、仮にそうなった場合人間とは何であるかと言うことを考える時代が来るようになるのではないでしょうか。第四次産業革命では、ＡＩが数学のように明快な解を出すだけでなく、解がないような質問に対しても多様な答えを用意するとも言われています。つまり、日常生活のなかにある一つ一つの出来事に対して次に何をすべきかＡＩが考える時代が来るかもしれないわけです。最善から最悪までの選択肢がＡＩにより提示されることになるわけです。経済の動きや政治の動きまでＡＩが予想するようになるかもしれません。

つまり、人間が考える代わりにＡＩが考えるようになるわけですが、そうなった場合社会というものは本当にそれでよいのかという問いが必ず起こってくるでしょう。つまり、人間とは何かをあらためて振り返る必要が出てくるのではないでしょうか。

デジタル化は一見効率的に見えますが、技術の進歩は日進月歩です。つまり、ひと昔前のデジタル情報は技術が進んだ次の時代では再生を行うことすら難しくなってきます。いま主流のＤＶＤにしてもあと三十年もすれば再生ができないただの円盤になっているかもしれません。

方や、アナログで記録されたものは時代を経ても残る場合があります。その代表例が紙に印刷された書籍でしょう。パピルスに書かれた文字は時代を超えても読むことができます。紫式部の本は、写本であったとしても時代を超えて読むことができます。

逆説的な言い方かもしれませんが、第四次産業革命などＡＩの時代に人間がすべきことはアナログで何かを残すことのようにも思えます。何年に何が起こったかというような事実の記述はデジタル化の対象になりますが、事実と事実の間の因果性、つまり理由についての記述は人間がまずそれを構築していく必要があります。やがてそれは体系化され階層化され数値化されてＡＩの活用対象となるでしょうが、まずアナログ情報の提供、構築は人間がすることと思います。

社会や人はこれまでデジタル化を追求し、デジタル化の恩恵を受けてきました。しかしこれからはアナログを追求しその恩恵を考えることも重要かと思います。一例ですが、社会はこれまで長寿をめざして動いてきました。最近は健康を加味した健康長寿が叫ばれています。体の様々な情報を取り込み、そのビッグデータをＡＩの力で分析活用することで健康寿命に役立てようという試みも盛んです。ただし、その現状は大量のデータの分析を行い、そこから最善の予防法や治療法・治療薬を見いだそうとする試みに留まっています。個人個人がそれで幸せになるかということについてＡＩは答えを出しません。個人個人が持つこころと言いますか哲学的な要素はまだまだ反映されていません。つまり今のＡＩの技術は集団の最適化には適していますが、個人の最適化ということにはまだ工夫が必要でしょう。

人生においてアナログの恩恵を受けることどういうことでしょうか。たとえば、健康寿命ではQuality of Life（ＱＯＬ）がよく話題になります。ただ、ここでいうＱＯＬは画一化、デジタル化の方向性に添うものと思います。極端な言い方をしますと長生きイコール幸せととらえるのがデジタル化、画一化の方向性かと思います。

しかし、これからは、長い短いよりもどれだけ充実していたか、どれだけ幸せだったかではないでしょうか。短くとも幸せで満足のいくものであればそれで良いのではないかということです。ＱＯＬという言葉に対してＱＯＨ（Quality of Happiness）という考え方があっても良いのではないかということです。

大事なことは、Happiness はこころに関係することがらだということです。ここまで考えた時、

「こころ」をテーマに本としてまとめてみようと思いました。

これまでの私は、興味の湧くまま何でもかんでも手当たり次第に読んできた感じがあります。果たしてどれだけ実地に役立つ知識が身についたかは疑問でもあります。しかし、新たな世界を知ることができたことは幸せでした。多様な情報に触れることで、今まで考えなかったことを考え始めるようになったことも喜びでした。私の喜びのお裾分けではありませんが、理系人の私が五十歳を過ぎて感じたこと、前著で書ききれなかったことを改めて本にしてみようと思った次第です。個人や社会の思想、哲学にはそれを生み出す「こころ」というものがあると思います。意志や知性と言っても良いかも知れません。こころの集合体のようなものが、時代の文化を生み出す源にもなってきたと思います。こころという用語に厳格な定義を求める場合がありますが、本書では幅広くとらえた表現としたいと思います。

第一部　日本のこころ

第一章　日本のこころ　―花鳥風月と四季の世界―

余韻の美

日本のこころとは何でしょうか。日本人に特有のものは何でしょうかという尋ね方をしてもよいのかもしれません。数学者であった岡潔さんは情緒だと言いました。私もその意見に賛成です。情緒とはこころに押し寄せる味わいみたいなものですが、その味わいには華やかなものもあれば寂寥としたものもあります。しかしいずれにおいても背景に流れるのは独特の美意識ではないでしょうか。美を感じたときに情緒が湧きます。日本人はいろいろなものに対して美を見いだしてきました。冷たさを感じる美もあれば暖かさを感じる美もあります。晴れやかな美もあれば、悲しい美もあります。日本人に特有の美意識が日本のこころとしての情緒を生み出していると思います。

私自身の経験で言いますと、書道展でかな文字を見たとき、墨の濃淡や文字の大小が織りなす美しさにハッとしたことがあります。お寺にそびえる竹の木や楠の葉が揺れた際、風が醸し出す葉音に季節を感じたこともあります。小道に水蒸気が立ちこめ、そこに幾筋もの陽が射す美しさに思わず写真を撮ったこともあります。山に霞がかかるさまもまた幻想的でした。いずれのシーンにも風情があり、趣がありました。

美に触れたとき、感動の後にこころには余韻が生じます。感動だけでなく、余韻の味わいが日本人に特有の情緒感を生み出していると思います。日本のこころとは、余韻を大切にした情緒ではないかと思えます。

また、物に対してだけでなく、人のこころの機微に得も言われぬ感動を味わうことがあります。もちろん余韻を伴う感動です。機微と機微の交流が余韻の世界を昇華させおもてなしにつながったとさえ感じます。フッサールの現象学的考えでいえば、物を見たり人の機微に触れたりしたときに美しいという感情が湧き余韻に浸るという流れではなく、余韻を味わうこころの根を日本人が持っているから物や人の機微が作り出す情緒の世界が見えるのかもしれません。

美意識はどこの分野にも存在します。たとえば私の本職の分野ですが、理系の研究には実験はつきものです。そこにも美意識は存在します。実験はエレガントに、論文は美しく。これは私がいつも同僚や学生さんに言っている言葉です。美しい論文は一度読んだだけですっと頭の中に入り、感動とともに余韻を生みます。美というものを基軸にした場合、理系も文系も差がないようにすら感じます。

空間美

人の美が端的に表れるのは一つには仕草やたたずまいでしょうか。能にしろ、歌舞伎にしろ、日本舞踊にしろ、相撲にしろ、たたずむ人あるいは動く人の姿は舞台となる空間に大変調和しています。日本人は空間美が好きなのだと思います。たたずまいの美、空間美は人だけでなく物に対しても感じ取れます。茶室には茶室の空間美があり、生けられる花は平面でなく空間の中で映えます。たとえば､浮世絵を見れば空間美をどのように理解し､どのように絵に落とし込んでいったかその工夫がよくわかります。

空間美の中で日本人は生きとし生けるものの命を大事にしてきました。千利休の言葉とされるものの一つに、花は野に咲くよう、というものがあります。茶室で野に咲いているような感じで花を生けなさいという意味もありますが、本質の意味は花の命を大事にしなさいということです。

言の葉

人に美を感じる二つ目の要素は書いた文字や発する言葉でしょうか。日本のこころは文字や言葉にも存在します。言葉は言の葉、言魂でした。口から発する言葉には魂が込められていると信じられていました。言の葉は文字として残りました。命や魂を映し出したのが文字というわけです。日本人は独特の文字体系を持っています。意味のある漢字と、意味のない平がな、カタカナです。これらを使いこなすなかで日本のこころが生まれたと思います。

文字が映し出す日本のこころの代表例は和歌ではないでしょうか。私も身近なところにあるものとして百人一首に触れてみました。天智天皇から始まり時代を下る方法で編纂されています。順に読めば、美のとらえ方の変遷がわかります。登場する作者は飛鳥、奈良時代、つまり万葉歌人から平安時代、鎌倉時代の人々です。平安時代と言っても長いですから、九世紀、十世紀、十一世紀、十二世紀の人々であったりします。百人一首は古今集以降の勅撰和歌集に掲載された和歌が百首選別されています。

万葉調、古今調、新古今調

和歌には万葉調、古今調、新古今調という言葉があります。万葉調とは万葉集に見られる素朴で力強い表現のことです。気持ちがストレートに伝わってきます。賀茂真淵は万葉集の和歌を評して、ますらおぶり（益荒男振り、丈夫風）と呼んでいます。男性的で雄大ということです。五七調が基本ですので、二句切れ、四句切れの形になります。

古今調は、古今和歌集に見られる繊細で優美な表現とよく言われます。掛け詞、縁語などを多用し、技巧的とも言われています。掛け詞とは一つの言葉で複数の意味を持たせる方法です。縁語とは連想ゲームのような手法です。一つの句の中で互いに連想できるものがあればそれは縁語の関係になります。景色と景色同士ではなく、景色と情感というように少し離れた次元のものを連想させる手法が取られていました。これらの技巧を用いるには故事などにも通じておく必要がありますので、情緒たっぷりのように見えて知性も垣間見えるというのが古今調の特色です。七五調となり、三句切れが多いのも特徴です。賀茂真淵は古今集の和歌をなよなよしい、つまり手弱女（たおやめ）ぶりとして批判しましたが、その弟子の本居宣長は人間の本音に近いのは手弱女ぶりであるととらえました。

新古今調は七五調ですが、一句切れが多く見られます。もちろん三句切れもあります。本歌取り、体言止めが多いのも特徴です。古今調がまず情景描写があって次に心情や情感が来るパターンとしますと新古今調は先に気持ちが来ると言っても良いかもしれません。映画の手法で言えば古今調は寄っていくのに対し、新古今調はまずアップで入って徐々にカメラが引いていくという感じでしょうか。新古今調は幽玄で幻想的、あるいは絵画的とも言われます。象徴歌的でもあります。新古今和歌集編纂当時はまだ政治的に動乱が終息しておらず、文芸的には今様や連歌の勃興がありました。当時の歌人はいろいろ挑戦的なことを行ったわけです。定家の歌などは達磨歌という評判でした。難解だし何を言っているのかわからないという揶揄です。前衛的なことを行うと受け入れられるには時間がかかるということです。

音楽にたとえますと、万葉調が演歌なら、古今調は四畳半フォークのようなフォークソングでしょうか。また、古今調が九十年代あたりのＪ－ＰＯＰなら新古今調はさしずめラップでしょうか。ただし音楽との違いは、和歌では作者は同じ場合があるということです。どういうことかと言いますと、たとえば新古今集には古今集の編者である紀貫之の歌も入っています。一人一人の作者の作風は大きく変わらないでしょうから、古今集なら古今集当時の、新古今集なら新古今集当時の編者の考えに基づいて同じ作者のものでも別々に編纂されたということになります。同様に、万葉集の中の歌でも古今調に近いものがあったりするわけです。つまり万葉調、古今調、新古今調という区分は美の流れの時代の区分ということです。編者の美意識が時代によって変化していったということです。

万葉集

万葉集は八世紀後半～九世紀前半、古今集は十世紀前半の成立です。万葉集は長年かけて複数の人の手によって編纂されたと考えられています。民間に口伝えで伝わっていた歌や宮廷に蓄積されていた歌などが集められたものと思います。そのため防人、庶民から高貴な人々まで幅広い層の歌が収められています。万葉集が成立した理由は歌学び説（手本にした）、大伴家持鎮魂説など諸説あります。政治的な意図のほかに、和歌の魅力を伝えたいという素朴な意図もあったと思います。

万葉集の代表歌はいくつもありますが、有名なのは額田王と大海人皇子（天武天皇）のやりとりでしょうか。

あかねさす紫野（むらさきの）行き標野（しめの）行き野守は見ずや君が袖振る
紫草の匂へる妹を憎くあらば人妻ゆゑに我恋ひめやも

古今集

古今集編纂には和歌復興の願いと期待が込められています。古今集の真名序や仮名序を見ればそれが伺えます。最初の漢詩集である懐風藻が編纂されたのは万葉集成立よりも前と考えられています。つまり、万葉集にしろ古今集にしろ編纂当時は唐風文化、漢詩、漢文学が主流でした。主流という意味は、宮廷で公式に使用されていたという意味です。和歌は政治的な舞台以外のところでは綿々と続いていたと思いますが、政治的には衰退していたということです。古今集により和歌の表舞台、公的な場への復活が図られ、その意図は見事に成功したことになります。

万葉集には歌論のような部分はありませんが、古今集では真名序、仮名序それぞれで和歌の起源や歌の「さま」が述べられています。「さま」については真名序では中国の詩経大序を参考にした六義が述べられ、仮名序では「歌のさま、六つなり」という記述があります。起源については、和歌は古の昔より歌われていたとあります。つまり、唐風文化が入る前からということになります。こころの表現として和歌があるということも記述されています。古の時代の人々は想像しますに、つねに歌を口ずさむミュージカル的な生活を送っていたのかもしれません。

漢詩にしても和歌にしてもそうですが、日本での作品の特徴は中国と比べて政教的な要素が少ないことです。詩経には教育と統治のための書としての色彩があります。日本の詩はなぜかそうはならなかったわけです。詩経の成立時期と日本の和歌の間には年代の差もあるでしょうし、日本では仏教の影響が大きかったこともあるでしょう。

古今集は和歌の表舞台への復活を図るため、一つには技巧を重要視したのではないかと想像します。そしてもう一つ重要視したことは、知性ということではなかったかと思います。「実」を大事にしたわけです。そのため、「艶」など華やかな部分、つまり「実」でない「花」の部分はあえて抑えたのではないかと思います。艶や花は「公」でない「私」の色彩が強い部分になるからです。古今集の編者は実は下級官吏です。自分たちの栄達を当然求めたでしょう。下級官吏の魂の叫びが古今集でもあったわけです。

古今集仮名序では柿本人麿（人麻呂）をうたのひじりと呼んでいます。また山部赤人は人麿よりも上位の人物として紹介されています。真名序では柿本人麿と山部赤人はともに和歌の仙として紹介されています。並び立つ二人ですが、赤人の歌は叙景歌が多く、人麿の歌は枕詞や序詞を使用した技巧的なものが多いのが特徴です。

仮名序も真名序も次いで六人の歌人のことを評しています。かなり厳しく評価しています。しかし、六人以外の歌人は取り上げるに至らないとしています。つまりこの六人のことは、批判はしつつも認めているということです。この六人を後世の人は六歌仙と呼びました。僧正遍昭、在原業平、文屋康秀、喜撰法師、小野小町、大伴黒主です。生没年不詳の人もいますがいずれも古今集編纂時には亡くなっていると考えた方が良いかと思います。六人の歌風はそれぞれ違います。しかし、自分の気持ちをそのまま表現するというよりは風景描写、情景描写を通して気持ちを表すさま、しっとりと叙情的に述べるさまは六人に共通的かと思います。

仮名序は紀貫之、真名序は紀淑望の作とされています。紀氏は昔は豪族でしたが古今集編纂当時は昔の面影はなくなっていました。八六六年の応天門の変で決定的に没落しました。古今集は醍醐天皇の命による編纂ですが、六歌仙が活躍した時代は藤原良房、基経と摂関政治が確立していく時代でした。藤原北家の思惑で清和天皇の第一皇子の是喬親王が天皇になれない出来事もありました。世の中の不条理の中に和歌があったわけです。

百人一首に載る女性ですが、平安時代のトップバッターとして登場するのが小野小町です。生没年不詳ですが文屋康秀らとの交流が知られています。紀貫之と同年代、つまり九世紀から十世紀にかけて活躍した女性に伊勢がいます。少し下った時代としては右近がいると思います。この頃から宮廷歌人の情熱的な和歌が華やかさを増していきます。十世紀後半から十一世紀にかけては藤原道長の栄華とともに女流歌人は絶頂期を迎えます。

新古今集

新古今集は平家が滅び頼朝も亡くなったあと一二〇一年に後鳥羽上皇の命で編纂が始まりました。摂関時代を華やかに飾った女性宮廷歌人らが切ない心情を独白的にあるいは相手に向かって詠み上げたのに対し、院政を中心とした十二世紀の時代は、映画を見るような叙景的な歌が出現します。風景の中に我が身を置き、カメラワークが視線を変えていくイメージです。秋を題材にした歌は特に寂しさといいますか寂寥がついて回ります。艶っぽさにも冷えた感情があるというところでしょうか。

つまり新古今集は古今集で抑えられた艶や花の復活をめざした気がします。その精神は万葉集あるいは六歌仙に代表される古今集以前への回顧と考えてよいかもしれません。もちろん美意識自体の変化もあります。新古今集時代を迎えるにあたっての美意識の変化についてよく話題にあがるのが源俊頼と藤原基俊の比較です。二人とも十一世紀後半に生まれています。一般的には、俊頼が革新派で基俊は保守派という分け方です。新風と古風という分類です。歌合の時の判者を同時に務めていますがそのときのコメントがよく比較されます。これまでにない「めづらしきふし」を重んじたのが俊頼であり、古風のなかに新たな美意識を見いだそうとしたのが基俊といっても良いかもしれません。

俊頼の美意識は幽玄、有心という流れにつながっていきます。幽玄といえば藤原俊成が有名です。俊成は若いときは基俊に師事しました。しかし歌風的には俊成は俊頼から受け継いだわけです。幽玄といいますと、今では墨絵の世界のようなイメージがありますし、味わい深い趣といったイメージと重なります。当時の解釈もそのようなものだったとする考えが主流かと思いますが、いやそうではなく当時の幽玄は艶が基調だったという考えもあります。私自身は後者の考え方に賛成です。

有心は、定家の有心体とともに語られます。余情妖艶という言葉とともに語られることが多いですが、幽玄同様に異説もあります。どういうことかといいますと、幽玄は艶や花と結びつき、有心体はむしろ詞に対する心、花に対する実というとらえ方です。いずれにせよ見かけの表現でなく、奥深く流れるものの美が尊重されたということと思います。

俊成から始まります歌道の流れは定家〜為家と続く御子左家が伝承します。俊頼については、経信〜俊頼〜俊恵と続いた六条源家という流れがありました。その他、藤原顕季〜顕輔〜清輔と続く六条藤家が有名です。六条藤家は御子左家と主導権を争い、敗れていきます。

いずれにしましても、王朝期の和歌で余情ということが美意識として認識されたことは後世の日本のこころに影響することになりました。余情の源流は和歌に限ったものではないでしょうが、和歌がなかったら今の日本のこころはどうなっていただろうかと思います。

私と百人一首

百人一首は誰もが知っているように藤原定家が編集したものです。幼稚園か小学校低学年でしょうか私が小さい頃、祖母と妹で百人一首の札取り遊びをよくしました。「これやこの行くも帰るも別れては知るも・・・」と祖母が読み上げる中、「し、し、し、どこだ、どこだ、あったこれ」と札を取ったり、妹に先に取られたり、今でも懐かしく思い出されます。当時はちらし取りゲームの他、坊主めくりもおもしろく、一首一首を覚えようという気はまるでなかったと思います。高校生の時でしょうか、古典の授業で百人一首を学び、少しは覚えた気もしますが、成人したあとは百人一首と接する機会も無くなり、祖母が良く口にした蝉丸と伊勢大輔の歌くらいしか記憶に残っていませんでした。ただ懐かしさだけがこころの片隅に残っている状態でした。それが何を思ったか、還暦を前にして全部覚えてみようという気になりました。認知症予防とかではなく、五十歳を過ぎた頃から平安期の情緒感になぜか引かれるようになっていたからです。ただ覚えるだけではつまらないので、作者のことや当時の社会的背景、藤原氏などの系図とともに覚えてみようかという気になりました。その目で見ていきますと、親子や何代かに亘る歌が収められていたり、権力の中枢にいた人の歌があるかと思えば権力からは離れてしまった人の歌ありという状況で、歴史事情的にも面白いことに気がつきました。

気になる三首

私自身が好きというか気になる歌としては、藤原義孝、藤原清輔朝臣、従二位藤原家隆の三首があります。作者の歴史、背景を学ぶと、それぞれの歌にはドラマがあることが分かりました。

君がため　惜しからざりし　命さへ　長くもがなと　思ひけるかな

義孝はイケメン貴公子として知られていました（大鏡）。この歌は後朝の歌として知られています。原典は後拾遺集ですが詞書に女の許より帰りて遣わしけるとあります。こういう歌をイケメン貴公子から送られると女性はこころときめかしたのではなかったでしょうか。恋に充実した日々を送っていたものと思います。しかし、運命は残酷と言いますか二十一歳で兄とともに亡くなってしまいます。天然痘と思われます。長生きしていればどんな男性になっていたでしょう。のちに三蹟の一人にあげられることになる藤原行成は義孝の子どもです。行成は書道世尊寺流の流祖です。世尊寺流が生み出された背景にこのようなドラマがありました。なお、史上最高のかなといわれている高野切第一種の作者は伝、紀貫之ですが実際は行成の息子の行経ではないかと言われています。

長らへば　またこのごろや　しのばれむ　憂しと見し世ぞ　今は恋しき

作者の藤原清輔は才気あふれる人だったようです。しかし、出る杭は打たれるというか、父親顕輔との不仲もあり世の中に出るのは遅かったようです。清輔の生家は六条藤家で歌道の中心をなしていました。父顕輔も名手として知られています。清輔も勅撰和歌集の編者に二条院から指名されました。しかし皮肉にも、院が途中で亡くなってしまい、結局勅撰和歌集は日の目を見ませんでした。実生活でも子供が夭逝したり女性に先立たれたりと不幸がありました。このような一代記に触れると、この歌が絞り出す「こころ」が分かるような気がいたします。昔つらかったことが今は思い出として過ぎ去ったように、今の我が身のつらさもまた穏やかなものになるであろうという歌ですが、長らえた人が生み出す穏やかな魂の歌と思います。もっとも名手でしたので、意外と感傷なく技巧的に淡々と作ったのかもしれませんが。

六条藤家は藤原北家魚名流です。魚名の三男末茂から始まる末茂流に属するとも言えます。末茂流は親戚とは言えいわゆる摂関家とはかなり離れていますが、顕季の子の家保が白河上皇の側近として、家保の子の家成が鳥羽上皇の信を得るなど権力中枢に座していました。家成のいとこは鳥羽上皇の寵愛を集めた美福門院でした。六条藤家の人々は官位もそれほど高くなかったようですが、歌道の名門として知られている背景にはこのような政治的な基盤もあったわけです。人麿影供（えいぐ）という言葉がありますが、歌聖とたたえられた歌人柿本人麿の肖像画を前にして、歌会をすることです。これを初めて行ったのが清輔の祖父である顕季と言われています。六条藤家ではこの人麿影が相伝されていたとのことです。不仲であったようですが、顕輔から清輔にも伝わっています。

風そよぐ　ならの小川の夕暮は　みそぎぞ夏の　しるしなりける

家隆のこの歌は情景が目の前に浮かぶようで気に入っています。上賀茂神社の御手洗川のことを詠んでいます。みそぎは旧暦六月の末に行われる宮中行事の一つで大祓です。翌七月一日からは暦の上では秋になるわけです。暑い夏も終わりを迎え秋風が吹き始めるそのときにみそぎが行われている、というのが定型的解釈です。風に季節を見いだすという点では、百人一首には載っていませんが、藤原敏行が詠んだ「秋来ぬと　目にはさやかに見えねども　風のおとにぞ　驚かれぬる」に通じるところがあります。また、この家隆の歌は本歌取りの歌で、本歌の一つに、夏山の　ならの葉そよぐ　夕暮れは　ことしも秋の　ここちこそすれ（源頼綱）、があります。

旧暦六月晦日の日は今で言う八月上旬です。今と昔では気温が違うのかもしれませんが、京都の夏は盆地なので大変に暑いです。たとえば、大文字焼は新暦八月十五日ですがまだまだ暑いというイメージがあります。こころに浮かぶ情景は、夕暮れになって一服の涼のような風が楢の木が生い茂る小川に吹いている。でも、まだまだ暑い。みそぎが行われ明日からは秋というのに、まだまだ暑いな、という情景です。しかし、夕方になり、日が傾き始めるころ、秋を感じさせる風が吹いたのでしょう。昔の人は吹く風の中に猛暑が去りはじめるほんの少しの変化を見事にとらえていたわけです。

似たような経験は、誰しもあるかと思います。東京では八月のお盆が過ぎると夜は涼しく感じ始められます。冬もまた、二月に入れば陽の力強さが感じられ、春の訪れを感じます。なお家隆のこの歌ですが、出典の新勅撰集には藤原竴子が後堀河天皇に入内する際に行事を伝える屏風が製作され、そこに書かれたとあります。竴子は国母（四条天皇の母）となりましたが何人目かの出産の時に命を落としています。家隆は定家と並んで御子左家歌道の双璧でした。

百人一首異聞

風景といいますと、浮世絵師葛飾北斎の作品富嶽三十六景のひとつに神奈川沖浪裏があります。壮大な波のあいだから富士山が遠く覗かれるという構図の絵です。この絵には
田子の浦に　うち出でて見れば　白妙の　富士の高嶺に　雪は降りつつ（山部赤人）と
わたの原　漕ぎ出でて見れば　ひさかたの　雲居にまがふ　沖つ白波（藤原忠通）
の二首が重なっているような感じがあると考えてしまいます。強引な解釈かもしれませんが、百

首を覚える過程でこんなことがこころに浮かんできました。北斎には「百人一首姥がゑとき」という作品シリーズがあります。北斎も百人一首に触れていたと考えるとワクワクいたします。

一首一首覚えていきますと、気がついたことがありました。浅学の私が申し上げるのははばかられるところですが、この歌は他の歌と比べてなんか違和感があるという歌があることに気がつきました。情景を詠んだり、恋やこころの寂しさに絡めて我が思いを詠んだりという歌が多い中で、前大僧正慈円の歌はそのいずれでもなく、なにやら外に向けた決意のようなものが含まれているのではないかと感じました。

おほけなく　うき世の民に　おほふかな　わがたつ杣に　墨染の袖

身の程知らずだけれど、比叡山の地から墨染めの袖で皆さんを包み込みますという意味です。僧侶としての所信表明演説のような感じがします。慈円は天台座主を四度務めるなど意志の強さを持って時代を生き抜いた人のように思えます。愚管抄の著者として有名です。愚管抄には歴史、末法思想も書かれているようですが、一切の法は道理であるという精神が流れているようです。この精神が歌にも表れているような気がいたします。編者の定家はどういう思いや考えでこの慈円の歌を選んだのか、興味がわいています。

また、大僧正行尊の歌も慈円の歌ほどではないですが少し違和感が感じられます。

もろともに　あはれと思へ　山桜　花よりほかに　知る人もなし

奈良県大峰山で修行中に詠んだ歌です。山桜に向かって、一緒に愛しんでください、あなたの他に私のこころをわかる人は居ないのですから、という意味です。この歌も意志の強さが伺える歌ですが、他の歌で表されている意志力とは違う雰囲気で語られていると感じられます。結局一人で頑張るぞという気持ちが伝わってくるように思えます。宮廷和歌から西行法師の歌、つまり中世の抒情詩、人生観が表れた歌に変遷していく過程に行尊が位置するという考えがあるようです。何となくこの歌は違うといった感覚が説明されたような気になりました。

全体的な構成、歌の選別についても少し気がついたことがあります。どういうところかと言いますと、全般として、「感謝」のこころを表した歌が少ないのではないかという点です。万葉集では両親への感謝が書かれた歌があるわけですので、和歌の歴史に感謝を謳うということが無かったとは思われません。これも編集方針なのでしょうが、定家に尋ねてみたい気がいたします。

かなわぬ恋

切ない、禁断の恋こころも和歌の魅力の一つでしょうか。元良親王と藤原道雅の歌にこころが引かれます。

わびぬれば　今はたおなじ　難波なる　みをつくしても　逢はむとぞ思ふ

この歌は宇多上皇の尚侍であった藤原褒子（京極御息所）に贈った歌です。褒子は藤原時平の娘で、もともとは宇多上皇の子の醍醐天皇に入内する予定だったところを宇多天皇が自分にと言ったといわれています。元良親王は陽成天皇の子どもで、本来なら皇位継承の対象者にもなったでしょうが、生まれた時には陽成天皇は退位したあとでした。陽成天皇のあと天皇を継いだのは陽成天皇の祖父の弟であった光孝天皇で、光孝天皇の子が宇多天皇です。つまり皇統は光孝天皇系に移ってしまっていました。

元良親王はいわゆるいけない恋をし、それが発覚したわけです。プレイボーイの歌と見た時にはまた違った感想になるかもしれませんが、もう会えないとわかった時の気持ちとして、そのせつなさは良く伝わってきます。

今はただ　思ひ絶えなむ　とばかりを　人づてならで　いふよしもがな

この歌は当子内親王に贈った歌です。当子内親王は三条天皇の娘で伊勢斎宮の務めを終え都に戻った時に道雅と恋に落ちたわけです。三条天皇はこの恋を許さず当子内親王を道雅から引き離しました。当子内親王は仏門に入り六年後に亡くなります。道雅はその後花山天皇(三条天皇の兄)の皇女の殺害事件に関与したとのことで罪を問われかけますが、結果として長生きをします。ただ、当子内親王と出会う前も暴力事件を起こすなど、荒れた人生であったようです。そのような人間が詠んだ歌として読みますとまた味わいが湧いてきます。

道雅の父の伊周は道長との権力闘争の最中に、出家していた花山天皇に弟の隆家とともに矢を射かけたことで失脚しました。当子内親王との出来事は伊周の死後のことでしたが、二代に亘る悲運を感じます。

たった百首、あるいはいっぱいある百首、とらえ方一つで異なってきますが、一通り触れたあとの素直な感想としては、覚えてみて、背景を学んでみて、初めて感じるものがあるということです。和歌の奥は深いと改めて思いました。私が感じたことはほんの出発点と思います。当時の御子左家の歌道という考え方、つまり理論などを知らねば百人一首の本当の編纂の意味、なぜこの歌が選ばれたかは理解できないと思います。宮廷和歌とは何か、当時の勅撰集の編纂方針はどうであったか、平家の滅亡から鎌倉幕府の誕生に到る歴史、政治、後鳥羽院との関係なども知らねば前に進めません。また、作者一人一人が表した全ての和歌を振り返らずして余計なことは書けないと思います。百人一首についてはこれ以上書くとぼろが出ます。感想はここまでとしまして、私自身が体験した百人一首の覚え方を第六章で書き留めたいと思います。百人一首に関係した天皇家、藤原氏の家系図も巻末に付けました。

第二章　こころのリフレッシュ

嫌なことも考え一つで楽しくなる

後悔する人生は送りたくないという人がいます。その気持ちはよく分かります。でも人生は、小さな後悔の積み重ねではないかと思います。後悔するのが人生と思えば、それでいいのではないでしょうか。

嫌だなと思うことがあっても考えよう次第では幸せ気分になります。コツは、起こったことがらに対して、あえてそこには必然があったと考えることです。つまり、必然だったと思って、その理由を考えることです。例えば、年を取ると髪の毛は抜けますが、嫌だなと思うのでなく、髪の毛は抜けなければならなかった、抜けないと何かまずいことが起きたと仮に考えるのです。たとえば、洗髪するだけでも年を取ると疲れます。髪の毛が抜けて、洗髪の分のエネルギーを減らすことができたと考えると、髪の毛さん抜けてくれてありがとうということになります。髪の毛が残っていると毎日洗髪、ドライヤーでひと仕事です。

何か嫌なことが起こったとき、皆さんはどうしますか。　次に楽しいことが起こったとき、今の嫌なことがあったからこそ楽しさが倍加するのだと思うようにしてはどうでしょうか。　次に嫌なことが起こったら嫌な思いも倍加するのではないかと心配する人もいるでしょうが、嫌なことの次には楽しいことがあると思えば、嫌な思いの倍加は防げると思います。

前を向いて振り返らない

人生は常に選択の連続です。目の前の道がいつもふたつに分かれています。どちらかを選ぶことによって今があるのです。あのときああしておけば良かったという思いを持つのは誰しもあります。大事なことは、あのときああしたから今があるのだと思うことでしょう。科学の世界もそうです。仮説に対して答えはイエスかノーのどちらかです。イエスでもノーでもない三番目というものは有りません。有るとしたらそれは仮説の立て方が間違っていますし、実験の組み立て方が間違っています。人生における三番目の道とは、優柔不断のことです。でも優柔不断でいてもいずれ決めなければなりませんね。人生もイエスかノーかの分かれ道の積み重ねです。

優柔不断にしていると、それが優しさに見えることがあります。恋愛関係でよく見られるのではないでしょうか。判断の先送りは優しさに見えることもあるのでしょうね。でも別れを言われたとき、それまで優しく見えていたことは一瞬に崩れます。本当の優しさって何でしょう。いつの時でも、誰に対しても気配りが付いていると嬉しくなりますね。優柔不断でない優しさはそういうものなのでしょう。

今より悪くはならない。そう思うことで何か前向きになれると思いませんか。あーだめだ、自分は最悪だと思って落ち込むのも人生かもしれませんが、そういうとき、自分が居る状態よりももっと悪い状態もあるのだということが客観的に理解できれば、自分の置かれている状態が少しよく見えるようになります。おみくじで凶を引いたらどうしますか。今が最悪なのだ。これから良いことが起こるに違いない、と考えてみませんか。

生活の潤滑油

知足、つまり足るを知ることは大事です。常に何か足りないと思っているといつまでも満足しません。ほどほどでも足りていると思えばいいのです。満足している自分に気づくことができれば、明日から違った自分になります。

幸せはいろんな時に感じられます。みなさんはプチ幸せをどんな時に感じますか。夜寝るため布団に入ったときに幸せを感じませんか。明日が来るから、明日が楽しみという感じでしょうか。明日になれば何とかなるさという感じでしょうか。

今日やり残したことがないようにしていますか。でも、どうしてもやりのことしたことは出てきます。そんなとき、ここまでやったから明日の目処は立ったぞと思うと気が楽になるのではないでしょうか。

すぐに行動に移せる人と移せない人がいます。慎重もいいですが、だめになったらその時考える。何とかなるさ、と考えて行動に移すのも楽しいかもしれませんね。

感謝って何でしょうか。口先だけで感謝を言う人は一杯います。では、行動が伴えば気持ちが伴っていて、行動しない場合は気持ちが伴っていないのでしょうか。そんなことはないですね。感謝の気持ちって、伝えることができたらそれはそれでよいですが、伝えたくても伝えられないこともあります。でもやっぱり、「ありがとう」って口に出したいですね。

魔法の言葉

あなたは一日に何回「ありがとう」って言いますか。五回ですか。十回ですか。人に何かしてもらったらありがとう。ご飯を食べたらありがとう。一人でいるときも、あのときはありがとう、ってつぶやいてみませんか。ありがとうは魔法の言葉ですね。ありがとうって言われて、怒る人はそんなにいませんよね。一緒にごめんねという言葉も添えて「ごめんね、いつもありがとう」と言うのも良いですね。自分は悪くないといつまでも思っていると前に進みませんね。悪くないと思っていても「ごめんね」と口にすることで優しくなれます。

人とのつながりは時に嫌なことも起こします。そういうときは、相手に「ありがとう」と言いましょう。嫌な人にもいつも「ありがとう」です。ストレスをためない特効薬ですね。相手にありがとうと言えることで自分も好きになります。

ストレスをためないもう一つのおまじないは「お先にどうぞ」、「お先にいかがですか」という言葉です。譲り合うことで、ぎくしゃくが収まりますね。「いいえ、どうぞお先に」と返事が返ってきたら「お先に失礼します」と答えるようにしましょう。
ただいま、おはよう、おやすみなさい、何か言われたらハイという返事、これらも全て魔法の言葉です。人生の悩みの多くは人付き合いから生じます。ごめんね、ありがとう、はい、ただいま、おはよう、おやすみなさい。家や会社で使ってみるとあらあら不思議、ぎくしゃくが収まっていきます。

目に見えない財産

財産って何でしょうか。　お金ですか。それも財産でしょうね。では、目に見えない財産って何でしょうか。ふれあい、つながりではないでしょうか。出会いは縁を生みます。縁は記憶、思い出を生みます。出会いは自分の廻りの世界を広げます。やがてそれが目に見えない財産になります。

誉めるとけなすの違いは何でしょうか。誉められた方は嬉しく、けなされた方は落ち込みます。では、誉める人とけなす人の違いは何でしょうか。誉めてはいないけれどけなしはしない。賛成はしないけれど、相手を称えることは忘れない。こういうことができる人が良いですね。

部下に不満を持つ上司は多くいます。でも、部下は育てたように育つことが多いと思います。つまり、部下に不満を持つ前に、自分の育て方を振り返る方が良いように思います。

上司に不満を持つ部下も山ほど居ます。居酒屋の話題の多くは仕事の不満でしょう。上司は部下の、部下は上司の良いところを三つ挙げてみてから仕事の話題をしてみてはどうでしょうか。

人間社会で一番難しいのはコミュニケーションと思います。意見が合わないときは一番困りますね。あいつはだめだとはなから決めつけると壁ができてしまいます。コミュニケーションの難しいところはそこに感情が入っているからですね。そういうときは、先ず相手を理解して良いところを認めてから話をするのがいいと思います

あの人のここが嫌い、あの人のこういうところがだめ、とかよく言ったりしませんか。人間は元々批判好きですね。でも、あの人のここはいいとか、あの人のそこが素敵とか、良いところを探すようにしてみませんか。減点法でなく加点法で人を見るって素敵ではないですか。

同じところを目指しているのに途中つまり目標までの道中の方法が違うだけで、コミュニケーションがぎくしゃくする場合があります。意見はぶつかって当たり前と思って、そこから何らかの解決を見いだすのが、本物のコミュニケーションなのでしょうね。

偽物のコミュニケーションだと、感情が残ってしまいます。でもそういうことって多いですね。そんなときは、相手の評価は議論が終わるたびにリセットする、というのがよいと思います。

同じ事柄に対しても言い方を変えるだけでその後の経過が随分と変わってくる場合があります。たとえば部下が「できません」と言ったとき、「どうしてできないのか」と理由を糺すより、「どのようにしたらできるようになるか」と尋ねる方がよい結果につながるように思います。

この世は人と人の出会いで成り立っています。縁は目に見えないけれど、生涯の財産なのですね。

良いところを見つける

懐の深い人でありたいですね。電話で怒鳴っている人を見るときなどはつくづくそう思います。カチンと来たときに懐深くするにはどうしたらいいでしょう。相手の言うことを一通り聞くことではないでしょうか。途中で遮ると、カチンと来た証拠ですね。

自分の意見をはっきり言うことと、上から目線は違います。自分からはっきり言っても、自ら率先しての行動が伴えば、上から目線にはならないと思います。評論家風に客観的にしか言わないとか、感情がこもってないとかですと上から目線になってしまいます。

上司の喜びは、部下が自分を越えて行ったときにこそ感じるものではないでしょうか。でも多くの上司は、嫉妬、寂しさなど複雑な感情を持つようです。子どもが成長したら嫉妬しますか。親元から離れれば確かに寂しいかも知れません。でも、子の成長は喜びですよね。部下の成長も喜びなのです。

子どもや部下の教育はそれぞれの才能を伸ばすことだと思います。間違った教育は、俺はこうしたのだからと自らの成功体験を押しつけ、自分のコピーを作るように教えることではないでしょうか。良いところを伸ばす、悪いところを修正する、あなたはどっちタイプですか。

欠点を直そうとするコーチと良いところを伸ばそうとするコーチがいます。我が子についてはどうでしょうか。欠点が気になりませんか。そういうとき、我が子の良いところを三個、四個、五個と挙げてみましょう。そうするとあら不思議、ここも良いところあれも良いところって数え始めている自分に気がつきませんか。

常に白紙状態で

十年前に改革派であっても十年たつと最大の抵抗勢力、なんてことはよくあります。成功体験がその後を惑わすということもよくあります。昔はこうだったとか、これで成功した、というような口上は昔に縛られた発想です。成功体験にとらわれない視点が必要ではないでしょうか。

なにをするにも八十%くらいの力でやればどうでしょうか。百二十%でやると続かないような気がします。百%だとゆとりの幅がないので楽しめないように思います。八十%くらいだとどこかこころにゆとりが生まれ、周りも見えるようになる気がします。

この企画は恥ずかしくて誰にも示せない、なんてことよく会社で起こりませんか。恥ずかしいという発想は、過去の経験に照らしあわせてしまって、今起こった事例を否定する発想です。イノベーションとは、そういう後ろ向きの発想でなく、今起こった事例を、例えば、恥ずかしくない事例にすることではないでしょうか。

イノベーションというと改革というイメージが付いています。よく会議の席上などで「それはだめでしょ」とか「やってもむだだよ」とか否定的な言葉を聞きませんか。「とりあえず、やってみようよ。やってだめだったら私が責任を取るから」という上司でありたいですね。イノベーションは、リーダーの決断力とも関わっています。

知識を持ちすぎると、本質を見抜くことの邪魔になることがあります。真っ白な状態でいた方が、何が一番大事かわかりやすい場合があります。幼児の方が意外と本質を突いた質問をする場合があります。

本質を考える訓練に、禅寺の円窓の写真をよく使います。いろんな風景が手前向こうに写っている写真です。その写真を見て、自分が文学部の学生になったつもりで究極の卒論のテーマを選びましょう、と尋ねます。不思議なことに円窓自体をテーマにする人が意外に少ないのです。幼児はこのようなとき、このように叫ぶのではないでしょうか。「なぜこの窓は丸いの」。円は宇宙であり、真理であり、無限で有り、悟りでもあるのですね。

感性を身につける

昔の人は、と言っても高貴な人でしょうが、秋風に揺れるススキの穂を見ては何かを思い、春風に季節を感じ、というような生活をしていたのですね。もちろん当時は今と比べようがない実生活面での大変さはあったでしょう。しかし、当時の歌が残っているおかげで当時の感性が今も味わえます。自分はどんな感性を残していくのか、とちょっと考えてみませんか。

源氏物語はなぜ今も読まれるのでしょうか。今から千年たってもおそらく読まれているでしょう。今ある科学の本は千年たったら誰も読まないでしょう。その差は、科学技術は次世代に百%

の再現性を持って伝わりますが、新しい技術が出たとたん古くなるからです。経験譚に基づく話は一代限りの智慧の集積です。次世代で百％再現されないことから、読み継がれるのです。

知識も大事ですが智慧も大事です。智慧は感性に通じる気がします。たとえば、風に季節を感じたことはありますか。前章でも紹介しましたが昔の人の歌に「秋来ぬと目にはさやかに見えねども風の音にぞおどろかれぬる」というのがあります。外に出たらちょっと上を見上げてください。風に何かを感じませんか。

春は桜とよく言います。山桜よりもソメイヨシノがきれいと言う人は多いです。でも秋になると、山桜の緑の葉の中に、黄緑になった葉が一枚ずつ一枚ずつ少し離れたところにスポット状に入っていきます。こういうとき、山桜ならではの良さを味わえます。

季節は皆さん感じます。では、季節の訪れって感じたことはありますか。大寒のころに梅や桜の枝を見てください。先が少しふくらんでいませんか。春の準備をしているのですね。

雨は嫌ですか。傘を差さないといけないし、濡れるからですか。でも雨の日ってちょっと空気というか風の感じが違うと思いませんか。雨には雨の楽しみ方があると思えばよいのではないでしょうか。

太陽の力を感じたことはありませんか。日の出を見ようと富士山に上ると日が昇るまでは寒くて寒くて大変です。でも不思議ですね、ちょっと太陽の光が自分に射したとたん今まで寒くてどうしようもなかった体が瞬時に暖かくなります。ご来光は単なる日の出でなく、自分がなぜか幸せ気分になるからご来光なのでしょうね。

旧暦の味わい

旧暦と新暦の違いは知っていますか。旧暦六月は夏の終わり、七、八、九月は秋。冬は十、十一、十二月です。十二消長卦という言葉があります。陰陽では陰を真ん中に穴が空いた棒、陽は穴のない棒で表し、月々は六本の棒で表します。旧暦十月は陰の棒が六本上から下に並んでいます。一陽来復って聞いたことがありますか。お正月を表す言葉であったりしますが、旧暦十一月に陽の棒が一番下の六番目の位置に入ることも一陽来復と言います。冬至を越えると日が長くなります。まさに、一陽来復です。

旧暦と新暦だと、旧暦の方が季節感はあります。一月はお正月。今の二月くらいが旧暦の一月です。暖かい日が時々出たりしますね。寒い中に暖かい日があって、梅が咲く頃ですね。昔はそういうときがお正月だったのです。

暖かさで言いますと、手のぬくもりをどんなときに感じますか。赤ちゃんの手を触ったときですか。年老いた両親の手を握ったときですか。手を握って、何か伝わってきませんか。鼓動が伝わってきますか。こころのこもった握手はぬくもりがこころに響く握手なのですね。

そっとなでてみませんか。ぬくもりのある手で。何をなでるかは、あなた次第です。彼女でも良し、彼氏でも良し、ペットでも良し。でも、太い木にそっと手を当ててみてください。風の音が聞こえますか。木の息吹が聞こえますか。大地のぬくもりが聞こえますか。

知らないことを知る

もし時間があったら行き交う人の顔を眺めてみませんか。沈んだ顔、にこやか顔、さまざまですね。もちろんみんな一人一人顔は違いますね。恥ずかしいけど、目があったらちょっと会釈してみませんか。自分にもできたって、ちょっと自信が付くかもしれないですね。

行き交う人々を見るだけでも勉強になります。今はこんなファッションが流行っているのだとか、こんなヘアースタイルなのかとか、知ることができますよ。下を向いて歩くのもいいですが、たまには顔を上げて歩いてみませんか。

歩くのは速いですか。遅いですか。速いと運動した気分になれますね。でも、ゆっくりでも、長く歩けばいい運動です。いつも速く歩きますか。いつもゆっくりですか。たまに逆にしてみたらどうでしょう。なにか違って見えるかも知れませんね。

信号待ちは長く感じますか。短いですか。信号待ちの三十秒の間でも本を読んだり、仕事をする人がいたりします。人それぞれの時間の使いようがあるようです。長く感じる人も短く感じる人も、時間というのは自分の見知らぬ世界を知るための贈り物と考えてはどうでしょうか。

アセロラジュースと少々のお水で日本酒を割ったことありますか。意外においしいと思いませんか。ちょっと変わった組み合わせで新しいことにトライしてみると思わぬ発見があったりします。知らない人と知り合うことは、今までにない組み合わせを生むということです。そこには新しい発見があるのではないでしょうか。

新しいことを聞いたりするのは楽しいです。新しい人と知り合うことは知らない世界を知ることでもあります。人の輪が生み出す空間と時間はなかなか得難いものです。

人生とは

最近笑いましたか。渋い顔ばかりしていませんか。歴史を振り返ると、笑いは文化を生んでいます。近いところでは漫才や落語。ちょっと遠いところでは申楽なんて有りました。笑いだけでなく、実は喜び、悲しみも文化を生みます。万葉の頃から歌に残っていますね。喜怒哀楽は文化に直結しています。ただ一つの例外を除いて。憎しみは文化を壊すことはあっても、文化を生むことはないと思います。

年を取って最初にお祝いをされるのは還暦でしょうか。昔平均寿命が今ほど長くなかった時代は、還暦を迎えることすら希であったかもしれません。論語では六十歳は耳順う、です。ちなみに五十歳は天命を知る。七十歳は心の欲するところに従いて矩を踰えず、です。還暦で一回りして、また第二の人生を赤ちゃんに戻ったつもりで始める。そのときには耳が順になっている。耳順というのは経験が必要で実は難しいことなのかもしれませんね。でも、第二の人生と言わず第一の人生においても最初から耳順でありたいところです。

耳順うで大事なことは、耳に入れてくれる人がいることではないでしょうか。仕事で言いますと、周りがイエスマンだらけだと、耳に何も入ってこなくなります。耳が痛いことを言ってくれる人を周りに持つことが大事なのでしょうね。改革派のつもりでやってきてもいつの間にか守旧派になっていることがあります。そういうときは、気がつけば周りはみんなイエスマン状態です。こういうのを裸の王様というのでしょうね。

老いるのは嫌ですか。老いは誰にでも来ます。老いたときには老いたときの楽しさがあるように考えを変えてみませんか。朝起きるのが苦痛だったのが、夜明け前からでも目が覚めるようになります。一日を人より少し早く活動し始めるって楽しくありませんか。

若いときと違って老いたときは容貌が衰えます。でも、若いときにはなかった経験が身についています。中身が違うのですね。老いの楽しみさは経験を語り継ぐところにあるのではないでしょうか。年を重ねるということは成長した自分に気づくことです。

人生いろいろ

あなたは生きていますか。生かされていますか。運命って何でしょうね。全て定まって生まれてきたという考え方と自分が運命を切り開いてきたという考え方などがあったりします。人ぞれぞれと言ってしまえばそうですが、過去があるから今があると思えばよいように思います。

人生いろいろという歌がありました。語呂合わせで行きますと、人生ヘロヘロにならないようにしたいです。人生ペロペロはちょっと変だし、人生うろうろも悲しいし、人生おろおろも避けたいですね。人生コロコロもあるけど、人生そろそろくらいがいいかもしれません。人生とろとろ、人生ノロノロは大器晩成ととらえて、でも、人生よろよろは困るかもしれません。人生ぞろぞろはひょっとすると楽しいかもしれないですね。人生ゴロゴロはちょっと無駄が多いかもしれません。人生ドロドロ、人生べろべろ、人生ボロボロもまた人生かもしれません。人生めろめろは相手次第でしょうか

人生そわそわ、人生うきうき、人生ガタンガタン、人生ゴトンゴトン、人生さらさら、人生スタスタ、人生そろりそろり、人生テクテク、人生トコトコ、人生ニコニコ、人生ノコノコ、人生ハラハラ、人生へらへら、人生ヨタヨタ、人生もたもた、人生ルンルン、というのもありますね。あれも人生、これも人生です。

こころを考えよう

哲学って難しいですか。人生哲学ってなんか難しそうですね。でも、今日は何食べようか。カレーにしようか、親子丼にしようか。うん親子丼にしよう。といったこころの動きの中にも、そのときの自分の考えが入っている点では哲学なのですね。いろんなところに哲学はあります。あなたも今日から哲学者です。

自分の哲学を持てるといいですね。十代の時二十代の時、五十代の時六十代の時、その時代時

代で自分の哲学が変わってもかまわないと思います。なぜなら経験が異なるからです。大事なことは五十歳なら五十歳の時の哲学は一本筋が通っていることだと思います。この人と接するときにはこちらの哲学、あの人とは別の哲学、というように日和見的哲学にならない方がいいでしょうね。

文字に触れ、言葉を聴くと感動します。一日一回の感動が人生に潤いを与えます。

熱に浮かされ何かに打ち込んだことはありませんか。このときの熱は身体の熱でなくこころの熱ですね。こころの熱は芸術を始め文化を生み出す源のような気がします。

歴史を知ることは大事です。失敗は歴史に学ぶということはよく言われています。歴史を知ると楽しくなることもいっぱいあります。特に自分が知らなかった歴史に触れると、こころ動かされます。皆さんは自分のお父さんとおかあさんが歩んだ道をどれくらい知っていますか。身近なところの歴史を知ってみませんか。

親孝行って何でしょう。「親孝行はしなくていいよ」っていう人がいます。なぜって聞いてみると、「あなたには五才までに十分その笑顔で楽しませてもらった」って言います。幼いときに十分親孝行してもらったから、年取ってからの親孝行は要らないよというわけです。素敵な考えですね。

言葉は言霊とも言います。素晴らしい方の言葉には五感で感じ取れない何かを感じさせてくれるものがありますね。

悲しいときは笑って涙しましょう。悲しいときは自分を愛しましょう。そうすれば相手も愛せるようになります。悲しいときは怒らないようにしましょう。悲しいときは自分を信じましょう。そうすれば相手も信じることができるようになります。小さい悲しみが大きな悲しみにならないように、振り向かないようにしましょう。

こころはどこにあるのでしょう。胸ですか。頭ですか。自分の身体の中ですか。自分の身体の外ですか。どれも間違っていないと思います。こころは、これがこころだって決められないものかもしれませんね。懐深くとらえるのがこころではないでしょうか。

第三章　こころの居場所　―こころはどこにあるか―

大学での出来事

　ある大学に招かれて心理学を学んでいる人たちに講義を行いました。そのとき、「こころはどこにありますか」という問いを投げかけたのですが、胸、頭に手を当てる人も居るかと思えば、自分の体の外の空間を指し「ここにあります」という人もいました。当時の私の研究者としての考え方からするとこころが自分の体の外にあるというのは考えにくかったのですが、でもなぜかとても記憶に残る答えでした。

　講義を終わって職場に戻ってしばらく考えてみたのですが、こころが体の外にあることを理解するには学生さんを自分の思考の土俵に招き入れて議論をするよりは、自分が学生さんたちの思考の土俵に入った方がよいのではないとかと思いつきました。そこで、哲学、心理学を知らねば、そのためにはまず哲学、心理学の歴史から学習しないといけないと考えました。何冊か読んでいるうちに、ジェームズ・ギブソンのアフォーダンスの考えに出会いました。アフォーダンスとは環境側が提供する意味のことであって、人間や動物はそれを認識して行動するという考えです。環境にある情報と行動が一体化しているという考えは衝撃的で、そうかなるほどという感じでした。認知を行う実体といいますか行動の価値を決める実体は環境側にあっても良いわけです。これは学生さんたちが答えた「こころは体の外にある」ことにつながるのではないかと思った瞬間でした。

人間は環境と一体となって存在する、言い換えれば人間は環境と一体化したシステムであるということなのではないかと気がついたわけです。システムとして一体化しているわけですから、こころは自分の体の中にあってもいいし、自分の体の外にあってもいいということになります。

脳科学では、生体情報ネットワークという言葉で表されるような脳と脳以外の臓器や環境との関係がいま注目を浴びています。脳科学はこれまで脳を中心に研究が進んでいました。しかし、脳の中だけを見ていただけでは脳は理解できないということに脳科学は気がついたわけです。脳の外にも目を向け始めたということになります。脳の外に目を向けるという点では、心理学や哲学の方が先行していたわけです。

ギブソンの考えに近いものは、ヤーコプ・フォン・ユキュスキュルによっても提唱されています。環世界という考えです。知覚の世界と行動の世界は一体化して存在するという説です。生物学的な概念でしたが、哲学の方に影響したわけです。自分の体の外にあるこころは、自分のこころでもありますが、社会のこころでもある気がします。

余談ですが、情報と言いますと生体だけでなく社会においても重要です。情報が社会を構築していると言っても過言ではないでしょう。現代は多様多層な階層からなるシステム社会でもあります。システムの弊害や様々なネットワークの変調が社会病理を生み出すと考えられます。同様に、生体についても情報ネットワーク社会ととらえることができます。病気は、個々の臓器の変調だけでなく、生体情報ネットワークや生体システムの破綻という面からとらえる必要があります。

カントのこと

さて、哲学史、心理学史を学んでみますと、当初の目的よりも遙かに多くの歴史の流れに触れることができました。詳細は本書の第二部に記載しますが、出身が理系ですので、やはり最初に湧いた思いは、イマヌエル・カントが出なかったら今の自然科学はどうなっていたのだろうかということでした。懐疑論が提唱される中で、カントが居たということはとても大きなことだったように思えます。懐疑論は、人間は真理を追究できないとする論です。デービッド・ヒュームは当時の代表的な哲学者ですが、因果性は帰納法によって説明できるものでなく人間の主観のなせるところであるとしました。つまり懐疑論によれば因果性は客観的に証明できないことになります。

疑ってかかるという姿勢は時に必要ですが、何もかも疑っていたのではいつまでたっても実証されたということに至りません。つまり、懐疑論だと自然科学は成立しないのではないかと思います。そのなかでカントが、因果性というものが存在するとし、さらに人間の作業として因果性の判断を確保したことは大変重いと思っています。意訳になりますが、カントは人間の人知、理性を越えたもの（物自体）は存在するにせよ人間はそれを論議してはいけないことはないとしたわけです。詳しく言えば、理性にくわえて物自体というものを設定したことで、因果論が陥る二律背反を回避しました。二律背反とはたとえば原因と結果があるとしても、原因には原因があり、またその原因がありといつまでたっても原因は何かということに対して収束しない矛盾に陥ることです。

もちろん、ニュートンに代表されるようにカントより前の時代でも、自然観察の重要性を示し、因果性の有無は観察データの解析からのみなされるとした人々も居ました。そういう意味では自然科学の芽は着実に育っていたわけですが、カントが哲学の分野において、人間の作業の重要性を確保したわけです。カントは人間の知的作業の必要性を確保したわけですので、人間学の礎を作ったとも言われています。脳科学はいま人気になっていますが、そのゴールは人間とは何かということを理解することと思います。その手法は哲学と違いますが、人間を考える上でめざしているところは近いものがあります。脳科学はやがて人間学と合流していくだろうと思います。

ちなみに、ヒュームはとんでもない人かというとそうではありません。価値判断に関する哲学分野の先駆者です。その思想は後世の分析哲学にも影響しましたし、現象学にも影響しました。神の存在は人間が実証できるものでないことを懐疑論で説明しています。神は人間が想像したものであるという解釈の起点となりました。

認識論と存在論

多くの本が哲学史をギリシアあたりから記載することで始めています。その時代にはもう既に存在論や認識論が起こっています。認識論とは認識の起源や範囲、あるいは認識の構造といったものを考える学問です。当時既に、認識については生得か経験かということすら議論されています。つまり認識の根拠がテーマであったわけです。知覚や認知ということを考えれば、今につながる生理学、認知神経科学の源流がすでに生まれていたとも言えます。

存在論は形而上学の中核をなします。形而上学というとアリストテレスが有名です。検証できないことを学問する分野が形而上学ですが、アリストテレスの形而上学では存在しているということはどういうことか、つまり存在の普遍性がテーマでした。存在の始まりはどうなっているのかなどを議論したわけです。宇宙は有限か無限かということも議論されていました。量子力学など近代科学が発展した現代においても、ものが存在するとはどういうことかは完全に解明されたわけではありません。存在論についてはその主役が哲学から自然科学に移ってきていますが、たとえば人間というものは生命科学的に、進化論的にどのように誕生してきたのかいまだにその大半が謎です。

認識論にしろ、存在論にしろ古来の哲学のテーマは現代の脳科学のテーマと重なるところがあります。脳科学の進歩は哲学とは独立した形で進んできましたが、これからは脳科学と哲学のコラボレーションが必要ではないだろうかと思います。

ギリシアの神々

さて、古代ギリシアは多神教、複数の神が居た時代でした。人間っぽい神であるのが特徴と思います。神々の中ではゼウスの優位性がありました。従いまして失敗すれば神でも罰を受けたりします。このようにある程度のヒエラルキーを伴った人間っぽい神々から構成される多神教がギリシアに存在したことで哲学が盛んになったのではないかと思います。ギリシア哲学そのものの起源はギリシアよりも前の時代に交易で栄えたイオニアの実学から始まったと考える説もあります。哲学の起源としてはもっと昔に遡ってとらえる考え方もあります（詳しくは第二部をご覧ください）。ただ現在残っている書物などから判断する事実として古代ギリシアで哲学が栄えたということです。とはいうもののやはり何らかの土壌がないと哲学は育たないかもしれません。「考える」ことができる風土や背景が必要です。人間っぽい葛藤を抱えたいろいろなタイプの神がギリシアに存在したことが哲学の発展に影響したものと思います。神にも悩みや喜びがあることはこころを考える上で良い材料になったと思います。

絶対的なものは何かということがギリシア哲学の当時も議論されていました。絶対的なものは常に中心になければならないわけですから、当時は太陽のようなものだったわけです。地動説の芽はギリシアの頃からあったことになります。もし当時が一神教だったとしたら当然の帰結として絶対的なものはその神になっていただろうと思います。そうではなくヒエラルキーを持った多神教であったために、絶対的なもの、普遍的なものの議論ができたと考えてはいかがでしょうか。

日本の神々

日本も多神教ですが、ギリシアほどの階層性は神々の中で構築されていません。それぞれの神が並び立つというイメージです。中には咎められた神も居ますが人間っぽさは強くありません。葛藤を抱えた神というイメージはありません。また日本では、依代という概念とともに、神の世界と人間世界が明確に分けられたように思います。記紀、つまり古事記、日本書紀に擬人化された神々の記載がありますが、現代の日本人が祈る時の神はもう少し多様なイメージで想起されていると思います。

記紀の記述に基づけば、日本の神々は天津神、国津神からなります。天津神は高天原に住む神々です。国津神は地に住む神々です。古事記によれば天津神については造化三神など五柱の別天津神、それに続いて神世七代の神々が生成し天地開闢となります。神世七代の神の最後に生まれるのがイザナギとイザナミです。イザナミと決別し黄泉国から戻ったイザナギが禊ぎを行った際に左目から生まれたのがアマテラスで、アマテラスの孫がニニギになります。天孫降臨のニニギです。ニニギはコノハナサクヤヒメと結婚し海幸彦、山幸彦で知られる子をもうけます。山幸彦はトヨタマヒメとの間に子をもうけ、その子がトヨタマヒメの妹であるタマヨリヒメとの間にもうけたのが神武天皇となります。

記紀、特に日本書紀はその後の長い権力闘争の末に勝ち残った藤原氏の視点で構成されていると考えられています。神世の権力闘争については国津神が天津神に国を譲った国譲りの話などからしか伺い知ることができませんが、古代日本にはいろいろな王権が存在したと考えるのが妥当と思います。出雲や日向、あるいは吉備と言った土地にあったであろう王権、蘇我氏や物部氏をはじめ闘争の末に敗れていった氏族などを縦糸と横糸に組み合わせたいろいろな興亡説が提唱されています。継体天皇のヤマト入り、さらに時代を下った天武系から天智系への権力移行、それに絡んで藤原南家、式家から北家に権力が移行する様は一つの壮大なドラマでもありますが、その中で都合良く神話が形成されてきたものと思います。日本の哲学は仏教とともに始まったような記載が多いですが、それ以外にも古代には思想なりがあったと思います。歴史に消されたか単に残らなかっただけなのかは謎ですが、その後日本ではしばらく仏教を中心に勝者の哲学、思想があったのは事実かと思います。

ソクラテス

古代ギリシア時代にはソクラテス、プラトン、アリストテレスという巨人たちが出ました。その中でソクラテスは哲学の祖と呼ばれています。ソクラテスの優れたところは無知の知ということを表したことです。人間は万能でなく、知らないことは山ほどある存在だということを示したわけです。人間は知らないことを知ろうとする知的作業を有した存在であるということを示したことにもなります。いわばソクラテスは哲学の根拠を与えたというわけです。ですので、哲学の祖となるわけです。但し、余談ですが、ソクラテス自身は書いた書物を残していません。今に伝わるソクラテスの姿はプラトンの記述によるところが大です。そういう意味で、ソクラテスの実像は謎と言えば謎ということになります。

謎と言えば、ギリシア時代から中世に到る間についても不明なことが多くあります。ギリシアで築かれた知性はいったんイスラム圏に流れます。哲学、自然科学でイスラム圏の果たした役割は大変大きいと思います。しかし、哲学史で当時のイスラム圏の重要性を書いた日本語の書物はそれほど多くありません。残念なことです。

キリスト教と哲学

ヨーロッパではその後キリスト教による一神教の時代に入ります。真理や原理ということを哲学で追求する流れが結果として生み出されましたので、キリスト教は哲学にプラスに作用したと思います。日本は仏教、儒教、老荘思想などが混淆した形で流入したことで、ヨーロッパの哲学とは異なる道を歩みました。

キリスト教の広まりとともに、ヨーロッパでは神の存在説明のために哲学が存在するようなものでした。カントの哲学もデカルトの哲学もそうでした。認識論、存在論は理性をキーワードに議論が進みました。近世に入りニーチェが語った「神は死んだ」という言葉は逆説的に神の存在理由がどれほど重要であったかを物語っています。

もちろん、神の概念について変遷はありました。たとえば理神論という言葉があります。理神論は神が創造主であることは認めるけれど神が特別な人格を持った存在とは考えない論です。つまり、人間の理性では理解が困難な奇蹟や予言、啓示は認めないという論です。理神論は啓蒙主義の時代に盛んになったわけですが、自然科学の発生、発展とも無縁ではないと思います。また、プロテスタントの発生が理神論の先駆になったとも言えます。プロテスタントは個人の理知的な判断ということを尊重します。聖書に書かれてあることの判断も人間の理性にゆだねることが可能になっていきました。

神について、プロテスタント、理神論と来た流れは進化論によりさらに大きく影響を受けます。進化論はそれまでの神の存在説明のためのヨーロッパ哲学に終止符を打つことになりました。中世に終止符を打ったものとしてルネサンスが有名ですが、哲学史という点において、進化論の果たした役割は大変大きいものがあります。

ルネサンスは知らなかったことをもっと知りたいという欲求から始まりました。古代ギリシア・ローマの時代に帰ろうという言葉で表されるように、それまで無視されていた時代を振り返ったわけです。神中心の世界観から人中心への世界観への転換に貢献したわけです。

デカルトの出現

ルネサンス時代のこころの考え方はギリシアの時代の流れを引いています。たとえば、アリストテレスはこころの場所を心臓と考え、プラトンは、脳と胸と腹というように考えました。注意すべきはギリシア哲学におけるこころとは魂のことになるということです。つまり、生命力と言いますか命の源としてこころをとらえていました。そして、魂の宿る場所つまり器が体ということになります。こころ（魂）と体の接点として脳などの臓器が考えられていました。魂のことはプシュケーと言いますが、プシュケーとは息のことになります。息をしていることは生命そのものであったわけです。

つまりギリシア哲学、近世以前のヨーロッパの哲学においては、現代でいう心理学的なものはまだ育っていなかったということになります。なぜなら認識論は、現代で言う認知科学という種類のものでなく、真理やら原理やら根拠を追求するためのものだったからです。こころのとらえ方が変わるのはデカルトが出現してからになります。

デカルトは哲学において革命児と言われますが、なぜ彼が革命児かと言いますと、こころ（魂）にあると考えられていた生命の源を体の方に移し替えたからです。これによりこころは生命の源でなくなり、意識の場として位置づけられるようになりました。これが世に言う二元論です。言い換えますと、デカルトの出現により意識に代表されるこころの問題が哲学の対象になったわけです。今も解決していない心身問題ということが起こったわけです。ギリシア時代の存在論と認識論で言えば、認識論が発展するきっかけになりました。

また、解釈に終始していたそれまでの哲学に思考の原理を与えたこともデカルトが革命児と呼ばれるゆえんです。我思う故に我ありという言葉は、確かに存在するものを示した貴重な言葉であるわけです。哲学に座標軸を与えたわけです。

東洋の思想

デカルトが出現するまでは体は生命力を有さない箱のようなものでした。実はこういう考え方は日本にもありました。身という漢字と体という漢字がありますが、身とは魂が入った体の意味になります。体は「殻だ」にも通じますように、抜け殻というイメージが強くなります。生きているときは身だけれど、死ねば体になるわけです。

こころ（魂）と体の二項で考える思想は東洋にもあります。魂魄（こんぱく）という考えがありますが、魂魄の魂とは精神をつかさどる気であり、魄は肉体をつかさどる気になります。気とはエネルギーのようなものです。陰陽の考えで言いますと、魂は陽で魄は陰となります。死ぬと両者は分離し、魂は天に昇り、魄は土に留まると考えられていました。死後は両者が交わることがないと考えます。ただ、先祖を敬うことで魂は地上に戻ると考えました。これが儒教を中心とした招魂の考え方です。

なお気に対応する言葉として理があります。古代中国の哲学では理と気が重要要素でした。理は万物の原理、法則という意味になります。

仏教におけるこころ

仏教ではどうかと言いますと、法という言葉があります。ここで言う法は後に触れます存在論の法でなく、真理という言葉で置き換えても良いものです。真理に近い方の法は諸行無常、諸法無我、涅槃寂静といった言葉に通じます。あらゆるものは変化しており、自分もまた変化するものであると考えます。そして、悟りに至った場合は穏やかであると法は示します。

仏教ではこころの状態を段階的にとらえます。たとえば法に関して、五位（五法、五品）という言葉があります。五段階にとらえる考えです。まず有為法と無為法に分け、有為法に色法、心法、心所法、心不相応行法を位置づけます。

六道という言葉もあります。天道、人間道、修羅道、畜生道、餓鬼道、地獄道のことです。苦しみという点で語られることが多いですが、実はこころの状態として六個の段階があるという考えです。悟りを開かないかぎり前世の六道の状態を引きづって次世に行くとされます。これが輪廻転生の考えです。仏教哲学では因果論が重きをなしますが、輪廻転生の考えはその代表例です。

悟りに至る道筋を表すものによく知られた四諦《したい》があり、それに関係してこれもよく知られた八正道という言葉があります。四諦は苦、集、滅、道のことで悟りに進むための教え、真理になります。四苦八苦という言葉がありますが、苦諦に属するもので、生・老・病・死の四苦に愛別離苦、怨憎会苦、求不得苦、五蘊盛苦を加えて四苦八苦です。八正道は正しい行いの実践を表すもので、正見、正思惟、正語、正業、正命、正精進、正念、正定で表されます。

仏教では人間が認識する形あるものは色という言葉で表現されます。また縁起という言葉がありますが、あらゆるものは何らかのつながりがあるということです。しかしその中身の実体はなく、空という言葉で表されます。つまり般若心経にありますように色即是空であり、空即是色であるわけです。

空は無自性（むじしょう）という言葉に通じます。存在するものに実体があるときは自性と言いますが、実体がないときは無自性となります。仏教の流れで自性を肯定する流派もありますが大乗仏教では基本的に無自性という考えを取ります。つまり、縁起、無自性、空は一体とした概念となります。

西洋と東洋の違い

人間と環境を一体化してとらえる考え方は仏教にもあります。五蘊《ごうん》という言葉がそれを表します。先に触れた色の他、受、想、行、識ということを考えます。人間はこれらの五要素から構成されるという考え方です。ただしここで言う人間は身体的な人間という意味でなく、環境と一体化した人間という意味です。形のあるものとして身体があり（色）、感受（受）し、イメージ（想）し、精神を向け（行、つまり意志）、認識（識）することで人間が構成されるというわけです。関連して、心所《しんじょ》という言葉がありますが仏教でいうこころや精神の構成要素のことです。五蘊は様々な心所で構成されることになります。

思考をするとき、思考を行っている主体と思考の対象になる客体があります。主体の作用は仏教では六根という言葉で表されます。五感に意を加えたものです。五感は「色」をとらえるときに作用しますが、意は「識」を行うときに作用します。意識という言葉はこのようにして成り立っています。客体の方は六境《ろっきょう》という言葉で表されます。声、味、香、触のほか色、法が構成要素です。ややこしいですがこの場合の色は五蘊の色でなく視覚として認識される色のことになります。またここで言う法も真理に近い法と言うよりも認識論、存在論の対象という言葉になります。つまりこの場合の法とは、物質的であれ精神的であれ、存在するもの全てを指します。

古代から西洋哲学、東洋哲学ともに、認識論や存在論が姿形こそ違え思想としてあったのは大変興味深いところです。ただ、西洋哲学ではどう考えるか、つまり論理が主体となりました。そのベースにあるのは理性を巡っての議論でした。方や、東洋哲学では実践が重視されたように思います。悟りという言葉がありますが、東洋哲学独特の実践論である気がします。涅槃寂静という概念は西洋思想からはなかなか生まれてこないように思います。地理的なことなどいくつかの要因があると思いますが、キリスト教の示す天国と地獄とは異なった思想です。

自然科学と哲学

デカルトに話は戻りますが、デカルトは世の中の事象をどうとらえるかに関して機械論的自然観の先駆者となりました。物理学的な因果性に基づいて自然現象は生じるとしたわけです。デカルトが出現するまでは、あらゆる現象は合目的に生じるとされていました。あらかじめ理由があって、それに沿って目的に向かっているのだということです。生命もそのようにとらえられていました。合目的な自然観は目的論的自然観と呼びますが、アリストテレスが体系化しました。つまり目的論的自然観は長く哲学の主役でした。中世でもキリスト教にとって目的論的自然観は不都合がなく、長く受け入れられてきました。ルネサンスの時代でも目的論的自然観は旧来のままでした。

そこに、デカルトは現象の解釈において革命的息吹を吹き込んだわけです。デカルトの機械論の考えはやがて百年の時を経てラ・メトリにより人間にも適用されます。人間機械論です。デカルトが開いた自然科学論的考えは人間機械論につながることで精神作用さえ自然科学、生理学の対象になって行きます。言葉を換えて言いますと、自然を対象とする哲学は自然科学の世界から距離を置くようになりました。自然科学の発展により哲学は人間とは何かを追求することになっていくわけです。なっていくというよりも、ソクラテスやプラトンの時代の主題に戻ってきたわけです。認識論を中心として、です。

片隅に追いやられた目的論的自然観ですが、実は研究の発想力を磨く訓練としては役立つ方法です。どういうことかと言いますと、真偽は別としてあらゆる現象は必然だとしますと、理由があるはずだということになります。その理由を無理矢理にでも考えることが発想の訓練になるわけです。ひょっとしたらその理由はあり得るかもしれないと思ったら、証明作業に取りかかれば良いわけです。固定観念にとらわれない発想がイノベーションを生むことを考えますと、目的論的自然観の存在価値はあるように思えます。昔の人も、出来事は偶然と考えるよりは必然と考えた方が楽しかったのではないかと想像します。ですから、目的論的自然観が主流になったのだと思います。

哲学の世界でマイナーになってしまった目的論的自然観ですが、ダーウィンの進化論、遺伝学の確立とその発展、さらに現在のゲノム科学の飛躍を見ますと、何らかの目的性を持って生物は存在してきたものとも考えられます。もちろん、進化に関しては木村資生博士の提唱した中立進化説もあり、いまは自然選択説と中立進化説を合わせて両面的にとらえるようになっています。いずれの説であれ、人間や生物はどこを向いて歩んでいるのか、哲学はゲノム科学をはじめとする自然科学と再度融合することで新たな自然観、自然哲学が作り出されるのではないでしょうか。

理性主義と経験論

さて、デカルトの流れは大陸合理論としても引き継がれていきます。合理論とは、何かを認識する人間はその能力を生まれながらに持っているとする説です。合理論というよりも理性主義といった方がわかりやすいかもしれません。生得的に観念を持つと言うことです。その反論としてイギリスを中心に起こったのが、経験論です。観念は経験に依存するという説です。先に触れましたカントは先天的なものと後天的なものの両面を取り入れ両者の融合を図ったわけです。カントは、ヒュームによって独断のまどろみから目覚めたと自分で言っています。経験論から生じた懐疑論に対してカントは危機感を覚えたわけです。経験論で説明できないものとして時間や空間を挙げ、これらは経験で認識するものでなく持って生まれた能力で認識されるとしました。この持って生まれたものをアプリオリなものと表現しました。そしてアプリオリに働く理性を純粋理性と呼びました。経験という要素を含まない理性です。ちなみに、経験に依存した認識はアポステリオリなものとなります。

カントはまた目的論的自然観と機械論的自然観の融合を図ったことでも知られています。経験論と合理論といい調停屋さんのような存在です。経験から生み出される認識もあるが、生得的に理性というものを人間は備えているとし、因果性は機械論として考察できるが偶然のものについては理性がその合目性を考察するとしたわけです。いろいろ説明するために理性を細かく分けました。先に挙げた生得的な純粋理性の他に、生得的な枠組みに当てはめて客観的な認識を獲得する際に働く理論理性、実践的な倫理的行為を行う際に生得的な道徳法則に当てはめてその意志を決めていく実践理性を考えました。要は、認識は経験から始まるわけだけれども生得的に持っているものでもって判断する、ということです。理論理性は認識の対象を扱うもので、実践理性は行為を行う主体を対象とした理性であるとも言えます。いわば経験という要素を考慮した理性です。このようにして経験論と合理論の合体を工夫したわけです。

カントの努力もあった合理論ですが、現在では科学性という点において主役の座を降りています。機械論か目的論かについては、機械論的自然観は唯物論と結びつき、自然科学を形成していきます。目的論的自然観はカントの前にライプニッツが予定調和説を説き、カントの後にはヘーゲルが出ました。進化論、社会進化論と結びついていきます。

ライプニッツの予定調和説とは、現実を構成する最小因子としてモナドというものを想定し、モナドの作用はあらかじめ神が決めているとする説です。神が決めているので合目論というわけです。ライプニッツのすごいところはモナドの作用対象に意識という要素を加えたことです。後に触れます現象論をはじめとする十九世紀から二十世紀の哲学に影響します。またライプニッツは陰陽五行をはじめとする東洋哲学に関心を持ったことが知られています。ライプニッツは二進法の確立でも有名ですが、陰陽思想の影響があったとも言われています。

ヘーゲルの目的論は弁証法と関連しています。弁証法とは、ある概念つまりテーゼがあった場合にそれに当てはまらない概念であるアンチテーゼを考え、テーゼとアンチテーゼを合わせたものから次の発展形であるジンテーゼを考えるという論です。つまり、ジンテーゼを生み出すという目的のもとにテーゼとアンチテーゼがあることになります。テーゼとアンチテーゼの考えは今でいう集合論の走りのようなものですが、集合（例えば社会）の発展ということで、マルクスはヘーゲルの弁証法から独自の社会論を生み出したわけです。また、ヘーゲルはカントによって分断された理性を統合したことでも知られています。絶対精神という言葉がそれを表しています。ダーウィンの「種の起源」が出版されたのは一八五九年です。カントが亡くなって半世紀、ヘーゲルが亡くなっておよそ三十年後のことです。

早く生まれすぎたスピノザ

さて、今まで述べてきた中で一人重要な人物が落ちています。バールーフ・デ・スピノザです。デカルトが亡くなる前に生まれています。スピノザは汎神論者として知られています。汎神論というのは、いわば全て神の思し召しとする考えです。つまり人間について言いますと人間には自由な意志はなく、全て決められているということになります。神即自然という言葉も有名です。人も社会も全てこの世にあるものは神と一体的にあると言うことです。

少しややこしいですが、自由意志がないが故に人間は自由ということになります。どういうことかと言いますと、人間は何をどう考えても全て神の思し召しであるということです。逆に言いますと、人間は自由を拘束されることはあってはならないとスピノザは考えるわけです。自由を恣意的に扱うことは神の思し召しでないという解釈だからです。国家も政治も個人の自由を尊重しないといけないとしました。

スピノザは生きている間は無神論者として非難されました。それは神にも自由意志はない、つまり神の人格に否定的であったからです。さらに、聖書に書かれてあるものごとは解釈によれば良いのであり強制されるものでないということを謳ったからです。しかし無神論者では決して無く、理神論者であり神の存在を前提にした自由論を考えた先駆者であったと考えた方が良いかもしれません。

スピノザは死後に出版された「エチカ」という図書とともに有名ですが、その最大の功績は哲学に数学的思考を持ち込んだことと思います。後世の哲学、論理学にも影響しました。

神よりも人

デカルトが種をまいた心身二元論からその後スピノザの心身並行論などいろいろな考えが派生しました。共通して言えますのは意識、つまりこころに浮かぶものを深く議論するようになったことです。ロック、ヒューム、カント、ヘーゲル、ショーペンハウアー、ニーチェ、フロイト、フッサールといった流れにつながっていきます。ただこの流れの中で大きなシフトがありました。どういうことかと言いますと、それまではプラトン、アリストテレスからヘーゲルに至るまでヨーロッパの哲学では理性が主役でした。つまり、感覚としてあるものよりもそれを超えたもの方がより大事だという考えです。言葉を換えて言いますと、人間よりも神が大事で、現実よりも理想が大事という考えです。この大きな流れからのシフトはヘーゲルへの批判から始まりました。神よりも人が大事で、理性という小難しいことよりもどう生きるか、どう生きているかが大事であろうという考えです。理想よりも経験が大事というわけです。一連の新しい流れは後世のネーミングで生の哲学と呼ばれます。生の哲学とは、何でもかんでも実証できるかどうかということよりも情緒的なものも大事にしようという哲学です。

もちろんその反論として、実証性が大事という考えが当然起こります。こちらの流れは論理実証主義として一連の哲学を形成していきます。記号を中心とした論理学との交流から分析哲学が論理実証主義の批判的継承者として発展していきます。さらに当時は自然科学、心理学といった学問が成長しました。哲学とは時には友好的に、時には批判的に互いに影響し合いながらそれぞれの学問が成長していきました。

心理学の独立

心理学についてですが、ブントの実験心理学から心理学は哲学から独立したと言えます。こころや精神現象を数値で計測しようという試みをブントは始めました。以来別々の道を歩んだ哲学と心理学ですが、現代における認知心理学の発展は心理学と哲学の再邂逅をもたらしているのではないでしょうか。さらに脳機能イメージング技術の発展により心理学、哲学、認知神経科学の三者が相まって大きな潮流を生み出しつつあります。

現在の認知神経科学をはじめとする脳科学では一元論的考えが主流ですが、デカルトの二元論というテーゼの提出があったからこそ今に至っていると見るべきでしょう。こころをどうとらえるかという命題を考えた場合、デカルトの二元論が出現したことは哲学の潮流からみて大変意味のあった出来事だったということになります。

現象学がもたらした逆転の発想

生の哲学における理想よりも現実、理性よりも情緒というところについては、実存哲学、実存主義が継承的に発展します。ハイデッガー、サルトルらが知られています。実存主義はやがて構造主義へと移っていきます。

少し歴史の時間を戻しますが、生の哲学における情緒的なところと論理主義的なところを共存させようとした試みとして現象学があります。フッサールの名とともに有名です。なぜ有名かと言いますとフッサールは認識論に変革をもたらしたからです。主観と客観の同一性について論理的に整理をしたわけです。それまでは主観的に感じる「物」は当然の了解事項として存在しているものととらえられていました。誰もが、五感で感じるものの実在を疑わなかったわけです。ですので、デカルト以来の認識論では、感じた後の思考プロセスが主として哲学の対象となっていました。心身問題の「身」を外しておいて意識世界だけを対象とする哲学も盛んになりました。これをフッサールがひっくり返したわけです。当然の了解事項とされていた部分にくさびを打ち、逆転の発想から実在を確信する思考プロセスを見事に整理しました。

よくリンゴの例が出されますので、その例で説明しますと、リンゴがある、赤くて丸くてよく見ると短い茎が出ている、というような順に人はリンゴを意識するとこれまで考えられていました。この図式では、リンゴは客観的存在で、赤くて丸くて短い茎が出ているというのが主観です。思考のベクトルはリンゴがあるから赤くて丸くて短い茎が出ていると認識する、つまり「リンゴ」が原因で「赤くて丸くて短い茎」が出ているが結果です。

この思考のベクトルをフッサールは逆転させたわけです。つまり、「丸くて赤くて短い茎が出ている」ものがあるから、「リンゴ」と認識したということです。この場合思考のベクトルは主観が原因で客観が結果です。

何だそんなことと思われるかもしれませんが、リンゴでなく形の無いものを想定すると現象学が果たした役割がわかります。たとえば、政治と聞いて日本の政治を思い浮かべる人も居れば、他の国の政治を思い浮かべる人、あるいは国際情勢を思い浮かべる人も居ると思います。米国は大統領ですが、日本、イギリスなどは首相です。政治を「原因」としますと、その認識（結果）はバラバラになります。このとらえ方では政治とは何かを議論できなくなります。結局政治とは何かということを分解して考えますと、個人もしくは集団が国なら国というある領域の民衆の生活に影響する仕組みというようなものが抽出できます。つまり、人は、抽出された要素（原因）に従って政治（結果）を認識するという方が理にかなっていることになります。

リンゴも丸くて赤くて短い茎が出ているという要素に分解した結果、リンゴと認識できるとフッサールは考えたわけです。これを超越論的還元と言います。大きなものから小さいものへと要素を細かくしていって本質的なものを見いだす。その本質が認識を決めているというわけです。

フッサールはヒュームの影響を強く受けたことが知られています。ヒュームは認識の客観性に疑いを投げかけました。認識されるものの間にある因果性、つまり原因と結果については主観のなせる技であるとしました。たとえば、見ているものはこころが生み出す観念に過ぎないというわけです。つまり、こころを考える上で知覚ということが重要になりました。知覚に依存するということは、こころは能動的な実体を持たないという考えにつながるかもしれません。ヒュームは心身二元論のうち「心」の実体性に疑問を投げかけたことになります。フッサールは知覚を基点に客観と主観を考えました。ヒュームは主観のプロセスを細かな要素に分解するという還元的考察も行いましたが、フッサールもまた還元的手法を取り入れて発展させたわけです。

哲学の場に戻った「身」

こころの居場所を考える上で、ベルクソン、メルロ＝ポンティは大事な存在です。ベルクソン、メルロ＝ポンティが活躍した頃には、生理学を中心とする医学や自然科学の発展もあり、哲学は科学と向き合う形で議論されました。先に触れた知覚については一元的にとらえる考え方が主流になっていきます。また、心身問題のうち一度哲学の関心を失ったかのような状態にあった「身」が再び戻ってきます。

ベルクソンは「生の哲学」の人ですが、片や実存哲学につながり、一方で認知神経科学につながっています。記憶に関する著述もあります。生きた時代はフッサールと重なります。ベルクソンはまず時間を物理的な時間でなく精神的な時間として考えました。年を取ると一年が過ぎるのが速く感じますが、時間というものはそのようにその時点での各自のこころ（意識）に依存したものであるとしました。精神的な時間には過去も未来もなく常に保持し持続しているものとしたわけです。人間の生命もこの持続する時間からその都度その都度生まれるとしました去に束縛されたものでないとし、その自由を説きました。いわば進化論の否定をしているわけですが、ベルクソンは二元論の立場から科学で説明できないものの存在を重視したわけです。意識の場についても、知性は持続する時間をとらえられないとし、それをとらえることができるものとして直観を想定しました。このベルクソンの考えは西田幾多郎に、ベルクソンへの批判も含めて影響します。

イマージュという言葉がありますがベルクソンが考えたものです。自分の主観として認識する観念的なイメージと物質的に実在として存在する物のイメージが呼応する場というものを想定しました。心身について「心」の部分には記憶があるとし、知覚が反映される物である「身」には記憶は関与しないとしました。イマージュの場においては記憶のあるなしで両者は区別されることになりますから、二元論の立場を取りつつ観念論と唯物論の融合、心身問題の「心」と「身」の融合を図ったわけです。

メルロ＝ポンティは身体図式という言葉とともに有名です。物質とこころ（精神）が融合した生命の発露の場として身体を考えました。メルロ＝ポンティはフッサールの現象学の影響を受けた実存主義者とも言えますが、実存の基軸を身体に求めました（実存主義者のもう一人の重要人物であるサルトルは心に求めています）。メルロ＝ポンティは意識すら身体という物があるから成立すると考えます。

科学とロマン

フッサール、メルロ＝ポンティたちの流れを整理しますと、知覚という観点からは脳科学、なかでも認知神経科学につながる源流が見えると思います。身体は行動と密接に関係しますので、環境という面を抜きにしては考えることが難しくなります。つまり、環境・行動・身体のシステムが浮かび上がります。これはギブソンのところで書いたような自己と環境の一体化への議論にもつながるかと思います。また、身体の重要性に着目した身体論が発展しました。情報学と結びついて、身体メディア論と呼ばれる学問も起こっています。芸術文化についても身体論が盛んです。日本では能に代表されるような動きを伴う文化がありますが、身体論をキーワードにすることで東洋と西洋を同じ土俵で論じることも可能になってきました。身体論と認知神経科学との接点からはブレイン・マシーン・インタフェースと呼ばれる分野の学問が盛んになり医療に展開されています。

心身問題はいまでは心脳問題と読み替えることも可能です。脳が行動を制御し、人間らしさを生み出すという発想から「身」を「脳」と置き換えたわけです。脳科学者の多くは脳がこころを生み出すと考えています。脳さらにこころの実体を先端技術の力を借りて唯物論的に追求しようとする試みが主流になっています。しかし、脳やこころのその仕組みはまだ解明されていません。いつ解明されるかもめどは立っていません。それくらい、脳と言いますか人間は複雑な存在です。

こころを解明することは本当に必要かという議論もありますが、仮に解明をめざすとしても現象学のところで見てきたように、脳＝原因、こころ＝結果と当たり前のようにとらえるのでなく、こころ＝原因、脳＝結果という逆転した発想も必要と思います。

脳をミニ宇宙ととらえる見方もあります。量子力学など物理学の考え方を導入して脳の謎に迫ろうという試みもあります。古代ギリシアの時代から人間と宇宙ということは論じられてきました。宇宙と自分という考えは仏教など東洋の思想にも見られます。こころは素粒子のように、体を突き抜け、環境を突き抜け、世界を突き抜けるようなものと見る見方もあります。

こころとは何か、こころはどこにあるかなどをテーマにする哲学をこころの哲学と呼びます。永遠に解けないであろうと思われるが故にロマンを生じます。脳科学をはじめとする自然科学が人とは何かを追求する限り、哲学との交流が必要になります。科学が唯物論的に何もかも組み立ててしまおうとしても行き詰まりが生じるでしょう。曖昧性、多様性といったものが常に内在している方が科学もロマンがあって良い気がします。

二十世紀の有名な数学者にクルト・ゲーデルという人がいます。不完全性定理の名とともに有名です。不完全性定理とは、矛盾のない理論体系があってもそこには必ず否定も肯定もできない命題が存在するし、矛盾のない理論体系は自己の無矛盾性を証明できない、というものです。無矛盾なら不完全というわけです。もちろん、不完全性定理の成立はある仮説が満たされればという条件付きですが、公理ということを土台にする数学にも謎めいたロマンの部分があることをゲーデルは示しました。不完全なところ、つまりひずみに真の美を見いだしたのは千利休ですが、ゲーデルの不完全性定理には数学のひずみつまり美がある気がします。

ヴェルナー・ハイゼンベルグは量子力学の先駆者の一人です。不確定性原理で知られています。一個の粒子において、位置と運動量のように互いに関係しあう物理量は両者とも正確に決めることができないというものです。一言で言うとあっちを立てればこっちが立たないという理論です。量子力学にも美があることをハイゼンベルグは示しました。

哲学の美は何であるか、脳科学の美は何であるか、これらの分野では不完全性定理や不確実性原理のようなものは提唱されていませんが、ひずんだものであるからこそこころのことが議論できると考えたいと思います。

こころはどこにあるかという質問を大学の講義でした際に自分の体の外にあると答えた学生さんたちが居られましたという話から長々と書いてきました。環境と人間が織りなすシステムの中にこころがあるというのは、こころの居場所に対する一つの答えだと思います。もちろん多くの脳科学者はこころは脳が生み出すものであると考えるでしょう。その場合はこころは脳の中にあることになります。自分の体を離れて外にこころがあるという認識は、脳の病気でもない限り起こらないという解釈になります。しかし、環境の中に、社会の中にこころがあるという考えは、脳科学を生業にする私でさえ、妙に納得する考えでもあります。こころの定義は科学が決めるものでもなく、哲学が決めるものでもなく、曖昧性、多様性、さらには不完全性を持ったもので良いと思います。

デカルトが心身問題を生み出して以来、こころは身を離れその姿形が見えないまま議論が積み重ねられてきました。しかし、カントを始めその意義を守る人々により順調に発展を重ねてきた自然科学との邂逅で、こころに関して「身」という事象が再び議論の場に降りてくることになりました。身体図式などの考えは、それまでただの入れ物として認識されていた「身」についても、それが正しく機能しなければこころは作用しないということを示すことになりました。生命科学の分野においても、脳は単独で機能するのでなく他の臓器や環境との相互作用の中でその機能を発揮するととらえ直されてきています。病気についても、臓器の病気としてみるだけでなく、相互作用のネットワークが作り出すシステムの障害としてとらえる考えもあります。こころについても、脳という臓器の中にとどめる問題ではなくなってきているのではないでしょうか。

第四章　こころの成り立ち

――戦国武将に見るこころと環境――

こころと環境

人のこころはいつ出来上がるのでしょうか？　こころは人に備わるものとしますと、意識が出来上がった頃からになるのかもしれません。もちろん、こころの定義にもよりますし、意識の定義にもよります。言い換えれば立場立場によって答えは違ってくるだろうと思います。私の本職は脳科学の研究者ですが、脳科学の理論ではこうだからと言っても、他の分野でそっくりそのまま脳科学の考えが当てはまるかというと、そうではないと思います。科学的にはこうだからという言い方は本書ではひとまずおいておきます。ただ仮に脳とこころが密接なものであるとするならば、脳が形作られるときから生まれ得るものかもしれません。

脳はもちろん、おぎゃーと生まれる前から、お母さんのおなかの中にいるときから形作られます。赤ちゃんはお母さんのおなかを通して様々な環境に触れるわけです。なかでも、お母さんの体、つまり母体は赤ちゃんがおなかに居るときは赤ちゃんにとっても最も大事な「環境」になります。お母さんの環境的な役割は赤ちゃんが生まれてからも授乳ということを通してしばらく続きます。やがて、離乳が始まり自分で食事が取れるようになったとき、赤ちゃんの環境として一番近くにあった「母体」は、その他の環境と一体化していくことになります。もっとも、家族という単位が赤ちゃんにとって最も身近な環境になるわけですが。

脳が形作られるのは基本的には遺伝的なプログラムによります。しかし細かなところは遺伝だけでなく環境要因も関わるだろうと考えられています。遺伝的プログラムと言っても、一人一人の遺伝子は違うわけですので、出来上がった脳には個性があることになります。そこに環境要因が加わるわけですのでますます個性的と言いますか、一人一人違った脳になるわけです。脳が一人一人異なればこころも一人一人異なることになります。最もこころが脳に働きかけるという考え方もありますので、その場合は働きかけ方に個性があるという言い方になるかもしれません。

このようにおぎゃーと生まれた時点で既に脳やこころは個性的であるわけですので、生まれてからの生活の違いはさらにその個性的な広がりに拍車をかけるわけです。当然のように、性格も一人一人異なることになります。人間の姿形だけでも何十億という人々がこの地球に住むわけですが、そこにこころや性格という要素を加味しますと、地球の上にうごめくドラマは壮大なものとなるわけです。そしてその壮大なドラマが歴史を作り歴史を生み出すことになるわけです。

こころの発達や人格形成には親子関係、養育環境、生活習慣などが影響するとされています。つまり、遺伝的素因に加えて、環境的な素因が影響します。第二次世界大戦下のオランダではナチス軍の侵攻のため、食糧確保が難しくなり極端な低栄養状態になった時期があります。そのときお腹の中にいた子どもたちは大人になったとき統合失調症、心筋梗塞、糖尿病傾向、肥満、薬物依存などに罹りやすくなったことが示されています。

生活習慣は脳の発達に密接に結びつきます。生活習慣はオランダの事例のような食事、栄養だけでなく、睡眠、運動、嗜好など衣食住の全ての要素が関係します。つまり、大人になった時の振る舞いを説明するために、幼少時の環境、生活がどうであったかを知ることは重要なことです。

本章では、戦国武将の代表である、信長、秀吉、家康についてその行動を考えてみます。併せて、信玄、謙信、光秀、三成についても書いてみました。各自各様の人間性を考える上で戦国武将はちょうど良い例になるからです。

信長と言えば英雄という顔の裏に比叡山焼き打ちや石山本願寺、一向一揆に対する弾圧が有名です。秀吉は天下統一という偉業を成し遂げたにもかかわらず、その晩年の朝鮮出兵や千利休、関白秀次に切腹を命じたことでマイナスのイメージがつきまとっています。家康は狸親父だったという説が有名ですが、最後に天下を手に入れたのは、知謀家としての結果だけだったのでしょうか。戦国武将の幼少時、人と形についいては伝聞のことも多く確たる証拠はありません。以下に書きますことは、科学を離れ、あくまで推測として書いたことですので、結論づけられるものでないことはご承知ください。

織田信長

信長は有力な戦国武将の子です。尾張では当時守護は斯波氏です。織田一族、特に清洲織田氏が守護代として勢力を張っており、分家筋である信長の父親、信秀は清洲三奉行の一人でした。次第に勢力を伸ばし、その実力から信秀は尾張の虎と恐れられました。しかし信秀の時代には尾張統一はならず、戦いに明け暮れるなか病を得て亡くなります。嫡男信長が十八歳の時です。

信長の母は土田御前で信秀の正室です。しかし、嫡男である信長でなく、土田御前の愛情は同母弟の信行（信勝）に注がれたと伝わっています。信行は信長の二歳下と考えられています。土田御前はその後も子供に恵まれ、市（お市の方）を含め数人生んでいます。つまり信長が長じるまで土田御前は出産を繰り返しています。信長は幼少時より信行と比較されるだけでなく、母親である土田御前との触れあいを十分に受けることが難しい環境にあったのではないでしょうか。

もちろん戦国大名の時代、乳母の制度は既にありました。信長の乳母は複数いたと思われます。しかし池田恒興の母親である養徳院が三歳の信長の乳母になるまでは、次から次に乳母が交代していたと言われています。その理由として乳首を噛み切ったという話も伝わっていますが、これについては後世のつくり話の可能性が高いかもしれません。いずれにせよ信長は三歳になるまで生母や乳母の愛情と触れあいを受け取れていなかった可能性があります。養徳院が乳母となってからは振る舞いもおとなしくなったという話がありますので、信長は母親代わりの感情を恒興の母に寄せていたのかもしれません。しかし、養徳院は恒興の父と死別したのちに信秀の側室になります。一説には信長が五歳くらい、もう一説には十四歳くらいの時とされています。つまり、養徳院に覚えていた感情は養徳院が信秀の側室になることで質を変えた可能性があります。

親子の問題として最近愛着（アタッチメント）のことが話題になっています。乳幼児の場合、自分の保護者が近くにいると安心や安全を覚えます。愛着はもともとは「刷り込み」という動物行動学の現象を心理学で発展させた考えで、情緒的な絆と言い表されています。乳幼児に限らず幅広く動物にも認められます。親子の場合、子どもから親へと向かう愛着、逆に親から子どもに向かう愛着というように愛着は双方向性です。また、人の場合、愛着の対象は他人だけでなく物にも及びます。愛着と書きますと愛情と混同されがちですが、英語で愛着はアタッチメントです。アタッチメントという言葉に「愛」という要素は入っていません。

乳幼児期に何らかの要因で健康な愛着（アタッチメント）が育たなかった場合、子どもは不安定な行動をとることがあります。安心や安全を確保するための行動が低下する場合もありますし、逆に誰かれなしに寄っていく行動を取ることもあります。これらを愛着障害と呼んでいるわけです。

愛着障害につきましては多くの本が出版され、またインターネット上でもいろいろな情報が提供されています。しかし、かなり拡大的に解釈されている傾向にあると思います。何でもかんでも愛着障害とするのは無理があるところかと思います。もちろん愛着障害とまではいかないまでも幼少時の保護者との愛着（アタッチメント）の量的、質的な変化はその後の人格形成や行動様式に影響すると思います。信長につきましても、愛着障害であったと断じるつもりはありませんが、先に触れたような幼少期の出来事は愛着（アタッチメント）という点でその後の信長に影響を与えたのではないかと考えています。

信長の場合、三歳になるまで一番の保護者は誰だったのかつい考えてみたくなります。愛情も含め、触れあいという点において孤独な環境にあったのかもしれません。信秀の葬儀の時、祭壇に向かって信長が物を投げたという話も真偽は不明ですが、仮に本当であった場合、父親への尊敬心はどうなっていたのでしょうか。葬儀の時信長は十八歳ですからとうに元服は済ませています。一通りの作法はわきまえていたでしょう。しかし若かりし信長の数々の振る舞いは「尾張の大うつけ」として後世に伝わっています。大うつけの原点を幼少期に求めてはどうでしょうか。

動物の場合、生まれてすぐの子どもを母親から離すと、子どもは成長しても不安様行動を示すことが知られています。これは母子分離という研究ですが、脳の中の情動を司る場所の機能が変化したり、遺伝子の発現が変化したりすることが知られています。信長がマウスの研究で見られる母子分離状態だったとは言いませんが、「大うつけ」の振る舞いは信長の不安を隠すためのものだったのでしょうか。

信長の覇業のきっかけは桶狭間の戦いでの勝利であったことはよく知られています。圧倒的な不利の中で行った桶狭間の戦いは窮鼠猫を噛むにたとえられることもありますが、まさに勝者に転じた戦いでした。奇襲作戦だったという説がこれまで主流でしたが、最近では桶狭間の戦いは綿密な作戦の上に練り立てられた正面攻撃の戦いだったとも言われています。不安の中で築かれた知的戦略だったのでしょうか。

信長といえば新しいことに興味を示す性格だったと言われています。キリスト教への関心が一例かと思います。また信長は茶道、茶道具の価値を高め、報償として用いたことで有名です。いわゆる御茶湯御政道です。それまで、茶道具に価値を見いだし、何万石と同等であるというようなやり方で茶道具を扱った大名はいなかったと思います。このような方法を思いついた信長は天才かもしれませんが、その背景には何があったのでしょうか。あくまで推論ですが、新しいことへの関心と特有の方法にこだわった信長が居たのかもしれません。幼少時の体験が特有の方法で相手をコントロールしようとした信長を生んだのでしょうか。

有力武将における乳母制度が当たり前の時代、愛着（アタッチメント）の変容は誰にでも起こりえることで信長に限ったことではないという考えもあるかと思います。信長については、発達障害あるいは何らかのパーソナリティ障害だったという説もあります。信長による比叡山の焼き討ち、石山本願寺や雑賀衆への仕打ち、長島一向一揆や越前一向一揆の殲滅、荒木村重一族の処刑などを見るとその犠牲者の数に驚きます。荒木村重一族の場合は見せしめという側面もありますが、宗教勢力はことにその攻撃対象となりました。加賀一向一揆のように宗教勢力が政権を倒した事例を信長は十分把握していたと思いますが、それにしてもすごい数です。

信長は実は優しい人間であったという説もありますが、優しさの中に残忍性が隠されていることは人の心理としてあるのではないでしょうか。精神的にも肉体的にも相手を傷つける行動は反社会性パーソナリティ障害やサイコパスなどでも見られると思いますが、幼少時の環境が関係していた可能性を考えたくなります。

愛着の問題、発達障害、パーソナリティ障害かどうかは別にしまして、信長は資料によれば清潔であったといわれています。言葉を換えれば、不潔なものは嫌いということです。過度な清潔感は完璧主義者のような人に認められるといわれています。桶狭間の成功以降一連の信長の行為は見方を変えますと、将来の脅威を重大に考えるようになった可能性が考えられます。将来の脅威の芽を摘んでおかなかったことで身を滅ぼした例は、古くは源頼朝と平家の例が有ります。足利尊氏は弟である直義をもっと早く誅殺することができたでしょうが、誅殺を躊躇したことで、無駄な争いをしたとも言えます。将来の脅威の芽を摘む行動は信長が完璧を求めるタイプだったからかもしれません。しかし、稀代の人物である信長は一瞬の隙により五十歳を前にしてその人生を閉じます。

本能寺の変の原因、遠因はいろいろ推測されています。信長の前では部下は緊張感を強いられたようです。叱責を受ける場合も多かったわけです。光秀の裏切り、本能寺の変後の織田一族をないがしろにした秀吉の振る舞い、いずれも、信長との緊張関係の破綻、消失を考えれば説明は付きやすいかもしれません。

信長の最大の謎は本能寺になぜ無防備な状態で向かったかということです。本能寺の変直前の安土から上洛に至るまでの信長の行動は結果として自滅的です。なぜ隙を与えてしまったか。次から次に成功を手中にし、天下統一ほぼ間違いなしの状態にありましたが、気分高揚が不安や完璧主義から信長を解放したのでしょうか。本能寺の変の前夜、茶会が開かれたとされています。本能寺の変とともに多くの茶道具の名器が失われました。茶会の余韻がさめやらぬ間に死を覚悟した信長、その最後において「母上」と叫んだのでしょうか。

相手への尊敬心の低下、否定的で威圧的な態度、特有の方法で相手をコントロールしようとする人間性、天才的なひらめきと優しさの中に潜む残忍性。幼き頃の体験が、信長の政治、そして生命に大きく関わった可能性を考えますと、歴史が立体的に見えてくる気がします。

豊臣秀吉

秀吉は幼い頃乳母の経験がなかったと考えるのが妥当と思います。その理由は信長、家康が大名の子であるのに対し、下級層の出と考えられるからです。秀吉には専属の乳母は居らず、仮に生母の乳の出が悪かったとしても、隣近所で助け合えた環境にあったものと思われます。他方、信長も家康も乳母の入れ替わりはあるにせよ、生母とは離れて暮らし、乳母が養育係であったものと考えられます。つまり生母との愛着関係で言いますと秀吉は十分受け取ったと思われます。

十分な母親との接触がありながら、なぜ秀吉は身内である関白秀次の家族を徹底して殺戮したのでしょうか。身内を殺戮するのはどういう背景があるのでしょうか。一般的に今まで身内と思って信頼していたものが、自分を否定するような行為を働いたとき憎しみが倍加すると言われています。秀吉の場合、幼少時は母親である「なか」（後の大政所）の愛情に直に触れていたであろうと思われます。従いまして、秀吉の場合は基本的に母子関係の問題から情緒不安定になる要素は少なかったと考えてよいと思います。

では、父親との関係はどうでしょうか。秀吉の実父は諸説ありますが、木下弥右衛門とされています。秀吉が七歳か八歳くらいの時に亡くなったとされています。なかはその後竹阿弥と再婚します。竹阿弥は織田信秀の周りにいたお伽衆の一人と考えられていますが、秀吉の実父という説もあります。秀吉は継父か実父かわかりませんが、この竹阿弥と折り合いが悪く、十四歳か十五歳くらいの時に家を出たようです。ちなみに、弥右衛門が亡くなってから光明寺（愛知県海部郡）に入ったけれども、すぐに飛び出したという説もあります。信長には二十三歳のころに仕えたとされています。

家を出るまでの間、秀吉は義父から虐待を受けていたと考えると、秀吉の行動でつじつまが合う部分が出てきます。たとえば、児童虐待を受けた子どもは自分への評価が不安定になる傾向があると考えられています。自分への評価が不安定であるケースはたとえば自己愛の強い人に出る場合があることが知られています。自己への評価が不安定である場合、その反動といいますか、自分は誰からも尊敬される素晴らしい人間でなければならないと思い込む場合があります。つまり自尊心が高くなります。この度合いが強いと自己愛性パーソナリティ障害が生じます。

自己愛が強くなる要因の一つにバランスを欠いた養育が考えられています。竹阿弥が秀吉につらく当たったのに対し、なかは秀吉をかばうかのように育てていたかもしれません。なか（大政所）と秀吉は大変仲が良かったと伝えられています。もちろん秀吉が自己愛性パーソナリティ障害だったと結論づけるには証拠が足りませんし、同じパーソナリティ障害でも他のタイプであろうという指摘も多々あります。しかし秀吉と自己愛についてもう少し触れてみることにします。

自己愛が強すぎると様々な特徴が表れることが知られています。自分は偉大であるという気持ち、際限のない成功欲や権力欲、人間関係は目的達成のために利用する、傲慢な態度の陰に隠れた相手への強い嫉妬、あるいは他人が自分に嫉妬していると勝手に思い込む、などです。また常にコンプレックスを持っているけれども、それを隠すために尊大になることがあります。秀吉は信長からサルと呼ばれていたと言われていますが、最近の研究では「はげネズミ」と呼ばれていたとされています。もしそれが事実としますと、秀吉は容姿的にも相当なコンプレックスを持っていたのではないでしょうか。

秀吉は人を取り込むことに長けていたと言われていますので、人間関係が構築できない性格ではなかったと思われます。ただ、秀吉の晩年の行動は、全国統一に至るまでの秀吉とまるで違った秀吉を見るかのようです。朝鮮出兵は、飽くなき権力欲、自分を巨大に見せたい欲望から出ているとしたら、それはまさに自己愛性パーソナリティの弊害ととらえることはできないでしょうか。北野大茶会は秀吉の一大イベントでしたが、十日間の予定がたった一日で終わってしまいます。気まぐれなところも自己愛が強い人の特徴とされています。自己愛性パーソナリティ障害では人をいいように使う傾向があります。北野大茶会は人をいいように使った例だったのでしょうか。

信長は比叡山焼き討ち、長島一揆や越前一揆の殺戮で有名ですが、身内に死を命じたことは少ないのではないでしょうか。もちろん明らかに敵となった者には、弟信行を始め徹底的に壊滅戦略を取ります。秀吉は明らかに敵となった者についてもあの手この手で懐柔しようとします。しかし、秀吉は甥の関白秀次には切腹、その妻妾全ては処刑しました。内のことは利休にたずねよと言われていたくらい秀吉から重んじられていた利休でさえ最後は死を命じられました。

秀次の場合、秀吉に実子の秀頼ができて、関白の座を追い出されるのではないかと神経質になった秀次が自暴自棄に走るのを見て、秀吉が死を命じたという説が一般にはよく信じられています。本当にそれだけでしょうか。実は秀次が関白の時、大政所が亡くなります。秀吉は肥前名護屋にいたため大政所の死に目に会えませんでした。秀次は朝鮮出兵準備などで忙しい秀吉をおもんばかって大政所がいよいよ重篤になるまで知らせなかったとされています。なんとか治癒するよう秀次は独自で頑張ったということです。しかし、自己愛が強い人は、他人の思いやりを理解できない傾向があります。大坂城に駆けつけた秀吉は大政所が亡くなったことを知り、狼狽したと伝えられています。恐らく秀次に対しては礼など言うどころか恨み辛みでいっぱいだったのではないでしょうか。秀頼は大政所が亡くなった翌年に誕生します。

秀吉が秀頼をかわいがる様子からは、秀吉は秀頼を実子かどうかと疑ったことはなかったと思われます。ただ秀頼が実子であるかどうか今も論争が盛んで、決着はついていません。秀吉は男性不妊症だったという説は多くあります。秀吉と秀頼の遺髪でも残っていれば現代科学で実子関係だったかどうかは解明できるのですが、そういう試料は残念ながら手に入らなさそうです。

秀次一族を抹殺すれば、男子身内は秀頼だけになります。世継ぎ候補が少ないということは豊臣家の行く末を考えた場合、取るべき道ではないと思いますが、秀吉にはもうそのことなど考えるゆとりすらなかったのでしょう。秀次には多数の妻妾が居たことが知られています。切腹を命じられたとき秀次は二十八歳です。子どもも順調に数が増えていました。つまり、秀次一族の繁栄は約束されたかのような状態であったわけです。将来秀頼に権限委譲するにはあまりにも脅威だったのでしょう。秀次一族への嫉妬、秀次が自分に嫉妬していると勝手に思い込む秀吉。秀次に罪はなく、すべて仕組まれた筋書きの中で進む秀次一族の滅亡。その劇の作者はまさに特異なパーソナリティを持った秀吉自身であったかもしれません。

利休が死を命じられたのは、新暦の一五九一年四月で大政所が亡くなる一年四ヶ月前です。豊臣政権安定の要であった大和大納言秀長は一五九一年の二月（新暦）に亡くなっています。内々のことは宗易（利休）に、公儀のことは宰相（秀長）にと言われたように、秀長と利休は豊臣政権の両輪でもありました。秀長が亡くなった後、急に利休にも死が及んだことがわかります。このとき、秀吉の嫡男鶴松は生存しておりました。鶴松は同年九月（新暦）に亡くなり、秀吉が秀次を関白にするのは翌年の一月（新暦）です。旧暦ですと同じ年の十二月二十八日です。利休は当初秀吉から堺に蟄居を命じられますが、呼び戻されて、死を命じられ自害します。後に、秀次が高野山に行くよう命じられて僧籍に入った後に、死を命じられたのと似たようなパターンです。

自己愛が強い人は他人を道具のように扱います。秀長が亡くなって、両輪であった利休が残っても仕方なかろうという心理が働いたのでしょうか。利休の死は秀吉の自分勝手な論理に周りが振り回された結果ではないでしょうか。自己愛が強いと思い込みが強くなります。

歴史家は過去の出来事についていろいろと理由を考えます。しかし、人間関係で信頼が崩れるのは歴史家が考える理由を越えた原因によることもあるのではないでしょうか。何だそんなことでということが理由だったということがたびたびあります。秀吉一人の勝手な思い込みで利休が死を命じられたと考えて見るのはどうでしょうか。

利休の死に関しては、秀次の時と違い、実子である道安や養子である少庵、少庵の母で利休の後妻である宗恩には大きな咎は及んでいません。蟄居を命じられましたが後に赦されています。秀吉にとっては、秀長、利休の時代から鶴松、秀次という次の時代への移行を進めただけだったとするならば、利休一族に咎がなかったのは理解できるところです。秀次は利休とも親しかったようです。後継者の一人であった秀次が利休のコントロール下に入らないようにした可能性もあるかもしれません。

秀吉は歴史に名をとどめました。しかし、最晩年は幸せだったのでしょうか。秀吉の死後二十年を待たず豊臣家は滅びます。

徳川家康

家康は生母である於大の方とは三歳で生き別れています。於大の方の兄が織田家と同盟をしたために、今川方についていた父である松平広忠が於大の方を離縁したからです。しかし、その後も乳母が家康を養育したと考えられています。つまり、愛着という点では、信長ほどの問題は起こらなかったものと思われます。

家康が信長、秀吉と決定的に違うのは、幼少期に人質になったことです。六歳で今川方に人質に出されますが、義母の父の裏切りで、織田家に送られます。広忠は家康を織田家に取られても、織田家に寝返ることなく今川方についていました。その後、今川方に生け捕りにされた織田信広と交換で、家康は戻されますが、それまでの二年間は同盟国でもない敵方で過ごしたわけです。このときに信長と知り合ったとされています。家康は岡崎に戻された直後に今川方に人質に改めて出されます。その年の末に広忠は亡くなりますが家康はそのまま今川方の居城である駿府に長らく留め置かれることになります。

つまり家康は生母との生き別れ、人質、父親の死ということを幼少時に経験しました。戦国時代は父親が亡くなると家督相続の争いに巻き込まれたりするのが常でしたが、家康は人質中でした。家康は父親の死とその不在ということを長く一歩引いた立場で見つめることができたのではないでしょうか。家康は、身内に対して行政の失敗には厳しかったですが、その生涯で無益な殺生はあまり無かったのではないかと思います。もちろん信長や秀吉よりも後から生まれた年齢の利というものがあり、殺戮は人望を落とすだけということを学んだこともあるでしょう。それに加えて幼少期に一人で生きてきたという体験が殺戮は行わないという思考を築いたと考えてみるのはどうでしょうか。

人質体験ですが、今川方とは同盟ということもあり監禁側との関係は良好であったと思われます。広忠亡き後は今川方の城代が広忠の居城であった岡崎城に配置されていました。松平広忠側家臣の謀反の可能性も少なかったという事情もありました。禅僧でもある太原雪斎が家康を教育したともいわれています。元服も駿府で行われました。家康が独立するのは今川方が桶狭間の戦いで義元を失った後になります。

織田家では熱田にある加藤図書助の屋敷に幽閉されたとされています。自由な行動は制限されていたとみる方が良いと思いますが、天下統一の後に加藤家に土地を与えたという説もあることから、幽閉とはいっても家康は大事にされていたと考えるのが妥当と思います。

家康は幼少期の頃、命あるいは人間というものを見つめ合う時間が他の二人より長かったのかもしれません。禅宗を始め宗教に触れる時間も長かったかもしれません。書物も多数読んだと言われています。戦国時代当時、多少なりとも戦に関わる者の間では、死はいつ訪れてもおかしくない身近なものでした。しかし、人質では、差し出した家が反旗を翻さない限り、命は安泰です。家康以前にも、人質は多数存在し、無事に戻った例も多数ありました。もちろん、謀反で人質が殺された例もあります。つまり、武士の場合、戦がない場合は死を考えることはあまりなく、ひとたび戦になると今日死んでもおかしくないというスタイルであるのに対し、家康の場合は沈思瞑想の時間が長かったのではないでしょうか。

家康は良く老獪な狸親父と言われますが、豊臣家の滅亡などは大坂方自らが袋小路に陥ってしまったものではないかと思います。家康の気質は老獪でなく、瞑想的なものととらえるのはどうでしょうか。勉学に基づいた教養と生活の実践が家康の長寿を支えていたと考えるのはどうでしょうか。家康の菩提寺は浄土宗です。自身の考えは天台宗に近かったのではないかといわれていますが、宗教を利用したとされる秀吉や信長とは対照的です。浄土教の思想が入った「厭離穢土、欣求浄土（おんりえど、ごんぐじょうど）」は家康の馬印です。

もちろん長期にわたる監禁状態は負の面ももたらしたと思います。家康は短気であったとよく言われています。おびえも家康の心の底にはあったかもしれません。おびえはその後なにかのきっかけがあるところでフラッシュバックとして出たのではないかと思われます。三方ヶ原の戦いで恐怖の余り糞尿を垂れたという話がありますが、フラッシュバックが係わっているのでしょうか。脱糞の話はどこまで本当かは分かりませんが一つの可能性としてフラッシュバックを考えてみたくなりました。

幼少期をある意味一人で生きてきたという体験が殺戮は行わないという思考を築いた可能性を考えていますが、一つ謎があります。正室築山殿を暗殺し、長男信康に切腹を命じたことです。直接的には、信康の正室である徳姫が父である信長に武田家と築山殿、信康が内通していることを訴え出たのが原因で、信長が家康に信康の切腹を要求したとされています。徳姫と信康の不仲も原因とされています。しかし、一般的に家康が信長の臣下になるのは武田家が滅亡し、駿河拝領が決まった一五八二年とされます。築山殿の殺害と信康の切腹は一五七九年です。何が言いたいかといいますと、信長は臣下でない他家のことに口を挟んだろうかという素朴な疑問です。一五六二に年に築いた家康と信長の清洲同盟は従属的なものに変わっていたのでしょうか。

家康と信長の関係よりも築山殿暗殺には家康と信康の関係性悪化が関わっていたととらえてみるのはどうでしょうか。家臣団も家康派、信康派に分かれていたでしょう。父子の争いが抜き差しならない状況になった例は近くでは武田信虎、信玄親子の例があります。父の信虎は甲斐国を統一しましたが信玄により追放の憂き目に遭います。斎藤道三は我が子義龍により首を討たれます。子の二勝、父の二敗です。二度あることは三度あるではないですが、家康は信虎や道三の二の舞になりたくなかったと考えるのがより自然と思います。柿が熟すように期を待って天下を手に入れた家康ですが、将来の危険の芽を摘むため信康切腹はたった一つ自らが仕掛けた政治ドラマであったかもしれません。

秀吉に江戸転封を命じられても粛々と家康は従いました。刃向かうことで自らの死を早めた幾多の例を知っていたでしょう。刃向かうことの無駄を幼少時の人質体験で自ら会得したでしょう。天下統一の基盤は幼少時の人質体験にあったと思います。関ヶ原の戦いにおいても、勝利するまでは秀吉の臣下であるという立場は崩していません。表向きにせよ三成に対しては、秀頼公に危害を及ぼす奸臣だとして立ち向かうという姿勢でした。時の運は家康に味方しました。慶長五年九月十五日、新暦で言えば一六〇〇年一〇月二十一日のことです。世に言う関ヶ原の戦いです。家康が亡くなるのは一六一六年六月一日（新暦）です。東照大権現になるのは死後のことです。

振り返れば、信長は神になることを望んだと言われています。秀吉は神となりました。キリスト教の影響もあるでしょうが、神を超えるには自らも神になる必要があったわけです。かくして家康は神になりました。明治に入り神としての家康の地位は低下しました。太平洋戦争時、現人神とされたのは天皇でした。神としての地位が低下した家康に戦争の批判が行くことはありませんでしたが、神を超えるには神を作るという流れを作ってしまった事実は存在します。家康が自ら神になることを願ったかどうかはもちろん不明です。

武田信玄

風林火山とともに語られる武将です。甲斐の虎という異名を持ちます。上杉謙信同様長生きしていれば、徳川幕府が成立することはなかったと言われています。用兵の妙、人心掌握においても一級であったとみるのが妥当でしょう。謙信を戦術に長けた武将とするならば、信玄は戦略に長けていたということになります。川中島の戦いで、個々の勝負は謙信に分があったとしても、結果として領土を広げたのは信玄でした。

ただ、信玄もまた、身内には手こずっています。いろいろなことが起こっています。まず実父信虎を追放しています。信玄（当時は晴信）が二十歳の時で、信虎はまだ五十歳手前でした。信虎は甲斐を統一した実力者ですが、追放に当たっては様々な説が存在します。信虎は家臣団との折り合いが悪かったという説が有力ですが、領民を酷使したことも背景にあるようです。

信虎の追放劇は、信虎が信玄（晴信）とともに信濃国佐久に遠征し、帰国後娘婿の今川義元を訪ねた際に国境を封鎖されてしまったというものです。話が出来すぎていますので、今川義元が実は信玄と謀って後ろで糸を引いていたという話もあります。信虎が嫡男信玄よりも弟の信繁をかわいがっていたという話から、父への怨恨によるものという説もあります。しかし信玄と信繁は織田信長と信行のような関係でなく、むしろ秀吉と秀長のような関係だったと思います。

つまり、信虎の愛情が仮に信繁に注がれていたとしても、信玄にはそれを受け流す度量があったということになると思います。人生はわからないもので、信虎は信玄よりも長生きしました。武田家滅亡を目にすることはありませんでしたが高遠の地で死去しています。

ちなみに、今川家に追放中の身で有りながら信虎は何度も上洛をしています。これはどういうことかといいますと、今川家から見て信虎にはまだ利用価値があったということになると思います。

信玄の身内トラブルで取り上げておきたい二つ目は嫡男の義信の謀反です。信玄が父を追放したように、義信もまた信玄の暗殺を考えていたといいます。血は争えないということかもしれませんが、計画は露見し義信は幽閉され、そこで亡くなります。謀反の背景は何だったのでしょうか。義元亡き後の今川領への侵攻を考えていた信玄と親今川派であった義信の路線対立という説が根強いです。義信の正室は今川義元の娘です。信虎もそうでしたが、信玄や義信もそれぞれの周りに家臣団がいます。武田軍団という名が残るくらい軍事に長けた集団ですが、結束力の高さが逆に身内の間で対立を生んだわけです。

上杉謙信の家督を景勝と景虎が争ったときも家臣団の対立がありました。織田信長と信行が争ったときもそれぞれの家臣団の対立がありました。信玄の場合は兄弟間の争いでなく親子の間での争いです。斎藤道三は子に討たれました。このようなことを考えますと、家康のすごかったところは先達の失敗を糧に我が子の家臣団をもコントロールしていたというところではないでしょうか。

信玄の身内についてはトラブルというわけではないですが、信玄の家族愛を考える上で重要な出来事がありました。それは、最初の結婚です。信玄の初婚は十二歳の時、まだ元服前です。正妻として迎えたその女性との間に子が生まれることになりましたが、出産時のトラブルで女性と子は死んでしまいました。これは信玄にとってはショックな出来事であったはずです。結婚そのものは関東管領一族との姻戚関係を保つ政略結婚でした。戦略性が失われたこともショックの理由になりますが、自身も元服前であるときに妻子を失ったという喪失感は多大です。

信玄は当然後妻を娶ることになりましたが、父信虎がそれまで敵対していた今川家と同盟を結んでいたため今川家の紹介で後妻が来ることになりました。元服に合わせてのことでした。どういう後妻かというと、京都の公家、三条家の姫君です。三条家と言えば、藤原北家につながる名門で、清華家の一つです。遡れば、藤原師輔の子の公季までつながります。師輔の孫は栄華を極めた藤原道長です。戦国時代に入り、公家といえども経済的には厳しく大名との結婚も仕組まれるようになりました。武田家と言えば甲斐の守護大名ですから、当時としては良縁とする事例でした。

信玄は三条の方と多数の子をもうけましたので、仲は良かったと考えるのが妥当でしょう。武田勝頼の生母である諏訪御寮人に蒲柳な佳人のイメージがドラマなどの影響で定着し、三条の方は悪妻として描かれることが多いですが実態は違うようです。信玄が家族のことを思い請願文を多く残していることから信玄の家族愛が伺えます。つまり、信玄は家族愛を持った武将で有り、優しすぎる武将と考えた方が良いのではないでしょうか。

精悍で豪快なイメージがありますが、信玄の本質は文化を愛した文化人であると思います。武将として成功したのは、マネジメント能力に長けていたからと思います。

信玄のマネジメントについては今でも良く語られます。それはなぜかといいますと、甲陽軍艦という書物が存在するからです。甲陽軍艦は武田四天王の一人高坂昌信（春日虎綱）が原作とされます。高坂が口述した記録が一族、縁者に伝わり、旧部下筋の小畑景憲が編纂したとされています。信玄に関する記述が豊富です。一例ですが、「武士の善し悪し、一夜限りの定め二ヶ条」

というのがあります。一ヶ条で真面目な者を定義し、二ヶ条で不真面目な者を定義しています。肝要なことは一夜限りとしていることです。一度失敗した者でも、評価は一夜限り。次に心を入れ替え良い働きをすればまた違った評価になるというわけです。一度の失敗が永遠に烙印を押されかねない現代社会において、このマネジメントは極めて印象的です。

勝利の礎の記述では、「人は城、人は石垣、人は堀、情けは味方、仇は敵なり」というのもあります。どういう意味かといいますと、難攻不落の城よりも実際の戦いにおいては人が大事ということです。信玄の言葉は現代のビジネス社会においても通用するものとして、愛好している人も多いと思います。

信玄の人間性はどこから生まれたのでしょうか。人間の人格については、遺伝的要因と環境的要因が複雑に絡み合って成立します。環境的要因は当時の書物などから類推するしかありませんが、リーダーとして育つ環境が用意されていたということと思います。遺伝的要因については、信玄の爪のかけら、髪の毛の一本でも残っていれば、現代科学の力を持って完全ではないまでもある程度解き明かすことはできるのですが、それはロマンとしておいておきます。

武田本家は周知のように信玄の子勝頼の時代に滅亡します。人を大事にした信玄でしたが、秀吉同様後継者の代で以てその栄華は終焉となりました。義信に死を命じたことはあっても秀吉のように一族を殺戮したわけではない信玄、戦略などの決定に武将の合議制を取り入れた信玄でしたが、勝頼の代になると声の大きい者の政策、戦術が通るようになったわけです。信玄の悲劇は、人を大事にしながら、その仕組みをシステム化できず、信玄一代限りの属人的要素としてしまったところにあると思います。何でも自分でやってしまう人間、何でも自分でできる人間は後継を育てることに難がある場合があります。信玄に見るドラマは切れすぎたが故の武将の悲劇ではないでしょうか。

上杉謙信

上杉謙信というと誰もが思い出すのは川中島の戦いです。実情は別にして、敵に塩を送るという逸話も人口に膾炙しています。戦略に長けており、謙信が病に倒れることなくもう少し長生きしていれば、全国統一の図式もずいぶんと異なったものになり、徳川政権は誕生しなかっただろうと言われています。つまり、謙信については武将としての優秀さが伝わっています。

では、私生活ではどうだったのでしょうか。謙信にはその私生活を考える上で重要なキーワードがあります。不犯、つまり女性と伽を行うことがなかったというキーワードです。その根拠になる史実は正室、側室が居らず子どももいなかったというものです。不犯が本当であったかどうかは検証しきれませんが仮に女性を遠ざけていたということが本当だとした場合、その原因はなにであったのかについては諸説あります。幼少期の恵まれなかった環境を上げている説もありますが、家康や秀吉と比べれば穏やかだったのではないでしょうか。父長尾為景は、謙信が十二歳になるまで健在でした。実母虎御前は謙信が三十八歳の時まで健在でした。兄の晴景との相続争いはありましたが、それは為景の死後のことです（晴景との争いはそれぞれの家臣団、取り巻きが反目しあったことが原因と言われています）。謙信は信長のように母親の愛情が枯渇していたわけではなかったと思います。秀吉のように身分が低い出でもなく、家康のように人質も経験していません。光秀や三成のように強力な上司の下で働くという必要もありませんでした。いわば、順当に育った子ども時代であったと考えるのが妥当です。

ではなぜ、女性を寄せ付けない私生活だったのでしょうか（本当だったとした場合ですが）。宗教心からという説もあります。ただ、性への欲求は捨てがたいのが普通です。謙信につきましても男色の噂はあります。北条氏秀とのことはよく話題になります。つまり、宗教心が原因であった場合は、女性に対する煩悩だけを断ち切っていたということになります。

戦国時代、男子の経験として小姓というのがありました。大名の側にいる小姓です。大名の中大名の中には自分自身が小姓育ちという者もいました。小姓は男色の対象となることがたびたびでした。の戦場は女人禁制です。ただ戦国時代も後半になれば下級武士や雑兵を対象に御陣女郎や尼僧の姿をした比丘尼が出入りするようになったようですが、それでも、大将については女人を周りに置くことは難しかったと思います。

もともと男色は、女犯が禁止されていた僧侶世界にあったものが貴族社会、さらには武家社会に広がったものです。男色の習わしは紐解けば奈良時代、平安時代に遡るとされています。謙信に限らず戦国時代、男色は既に数百年の歴史を持っていた計算になります。余談ですが、武家社会の男色は江戸時代に入り衆道と呼ばれることになりますが、元禄時代を過ぎますと刃傷事件なども有り風紀取り締まりの対象となり廃れていきます。

男色は江戸時代に入ると井原西鶴の書にもありますように花とともに語られました。薔薇族という言葉がありますが、当時はバラではなく菊と梅がその隠語性を持って語られました。春に咲く梅は花の兄とされ、秋に咲く菊は花の弟というわけです。菅原道真の飛び梅伝説も男色風に語るならば違った解釈になってくるわけです。ちなみに、桜は女性を指す場合が多いようです。朝顔も女性のこととされますが、若衆を意味することもあったようです。

男色の話では信玄と家臣の話は有名ですし、信長や家康にもお気に入りの若衆がいたようです。謙信の場合、不犯であったが男色はあったとするならば、思い浮かぶのは同性愛者の可能性でしょうか。同性愛者は現代社会では社会的マイノリティとして位置づけられていますが、社会的マイノリティは急に現代に現れたわけではありません。遺伝的要因、環境的要因などが関係するわけですから、その存在は昔から普通にあったと考えるのが生物学的なとらえ方です。男色が戦国時代のように文化として浸透していなかった飛鳥時代、道祖王という人物が一旦孝謙天皇の皇太子として立てられましたが、先代聖武天皇の喪中に侍童と通じたとして廃太子となっています。続日本紀に著わされる逸話ですが、当時は幼少者との性交渉はいけないこととされていたことがわかります。また大伴家持は同性愛者ではなかったかとされています。万葉集もその目で見ればまた違った味わいになるかもしれません。ちなみに孝謙天皇は道鏡との話でも有名です。重祚して称徳天皇となる訳ですが、その後およそ六年間道鏡は好き勝手をしていたとされています。称徳天皇が病に倒れなければ、日本の歴史はこれまた違ったものになっていたでしょう。

当たり前のことですが、科学的に同性愛者とそうで無い人との間で人間としての能力について差はありません。戦国の世にあって、同性愛者であるかどうかが武将としての器量を左右することはなかったでしょう。

また、同性愛でなく性同一障害という可能性も考えられますが、謙信が仮に性同一障害としますと女性のこころを持っていたことになります。なぜなら、性同一障害は生物学的な性、つまり外見に表れる特徴とこころの状態が一致していない状態を指します。謙信が性同一障害の場合は武将として生きるのは相当困難だったのではないでしょうか。また謙信には女性的な振る舞いがあったとして、女性説も唱えられています。女性の武将が戦国時代はそれなりの数で居たという説もあります。

謙信は義を大事にする戦術家であったという評判が定着しています。義は人を集めるために重要なことですし、戦術は勝つために必要なことです。謙信の戦いには無謀というものは存在しないようです。戦場における用兵の妙を取り上げる向きもありますが、むしろ数の上に置いて優位を保ち、勝つべくして勝つという戦術であったようです。それだけの戦術家でありながら、なぜ全国統一に至らなかったのでしょうか。信玄という宿敵との戦いに時間を費やしすぎた、一向一揆の鎮圧に時間を費やしすぎたという説もありますが、むしろ、義が災いしたと考えてはどうでしょうか。関東管領職を禅譲され、それを機に長尾姓から上杉姓に改めたわけですが、関東管領職にこだわるあまり、関東甲信越における広範な領域で戦闘を構えねばなりませんでした。個々の戦いには勝ちますが、その土地の実効支配につながらず、管領職という名分だけを大事にした結果、勢力図を信長のように拡大することができなかったのではないでしょうか。信長とは信玄亡き後手取川の戦いで激突し謙信が圧勝したとされますが、遅きに失した感があります。勝利の翌年、謙信は脳溢血で倒れ、帰らぬ人となります。数え年で享年四十九歳。奇しくも信長と同じ享年です。

謙信はなぜ関東管領職にこだわったのでしょうか。謙信は自己陶酔型であったという説は耳を傾ける必要があると思います。ナルシストといってよいかもしれません。ただナルシストと言いますと、根拠がないのに自信があるとか、身勝手で自己中心であるとかの評判が付きます。これでは人は集まらないでしょうし、ましてや戦場においては人心掌握はできないでしょう。つまり、謙信の自己陶酔は今でいう自己陶酔とは別と考えた方がよいと思います。毘沙門天の化身であると言ったという説もありますが、仮に言ったとしても計算された上でのことではなかったでしょうか。計算ができる自己陶酔型人間と謙信をとらえてみるのはどうでしょうか。

ナルシストも幼少期の心理発達が問題とされる場合があります。同性への愛情、異性への愛情の処理についてはエディプスコンプレックスという言葉があります。同性愛との関連で言うならば、父親に対する心理の処理として男児が女性化心理になることがあります。幼少期普通に育ったと思われる謙信ですが、母親への愛情、父親への嫌悪感に対する愛情処理の形として、エディプスコンプレックスが生まれ、ナルシズムも形成されたと考えてみてはどうでしょうか。脳科学で言いますと、エディプスコンプレックスにしても、ナルシズムにしても、同性愛にしてもその脳内分子機構はまだ解明されていません。胎児期、乳児期などのホルモン環境などが研究対象となるわけですが、謙信の謎を解くにはまだ時間がかかりそうです。

最後に、謙信の人間性を考える上で、養子景勝を考えておく必要があります。景勝は謙信の実姉の子です。実姉の夫は政景です。政景は一度は謙信に反旗を翻した男です。謙信は許して、その子は養子としました。実子がいないが故のことかもしれませんが、危険分子は取り除くのが常の時代に珍しいことではなかったでしょうか。謙信は一族の繁栄はどう考えていたのか尋ねてみたくなりました。景勝は同じ謙信の養子であった景虎との戦いを制し、結果として米沢藩初代藩主となります。米沢藩は明治維新まで続くことになりました。

明智光秀

明智光秀の幼少期は実はよくわかっていません。土岐一族の一つである明智氏の生まれとされますが、下層武士であったと考えるのが妥当ではないでしょうか。一五二八年の生まれとする説が多いですが異説もあります。斎藤道三に仕えたようですが、道三が子の義龍との争いで敗死したことから、光秀の一族は離散したとされます。光秀も流浪の身となったようですが、一五二八年生まれとしますと二十八才で浪人ということになります。その後朝倉義景に仕えたとされます。

織田信長との接点は信長が美濃国を平定したあとの一五六八年とされます。そうしますと実に信長とは光秀が四十歳になってからの遭遇となります。これに関しては信長の正室濃姫と親類であったことが功を奏したという話もあります。なぜ接点が生じたかですが、朝倉家に仕えていたときに将軍義昭との接点がまず生じ、将軍家にも仕えるようになったからとされます。朝倉家と将軍家と上司が二人いたということになるわけですが、それはさておき、義昭が信長に上洛を促した際に光秀が交渉に入ったことが示されています。この交渉には細川幽斎も関係しています。幽斎が上司で光秀が部下という説もあります。

光秀はころころと主君を変えるのはいったいどういうことだったのでしょうか。将軍家に仕えるなどしていた光秀の博学・才能を見込んで信長が採用した説もありますが、将軍家でもいわゆる足軽程度だったという説も根強くあります。足軽程度であれば主君が変わることも説明しやすいかもしれません。いずれにせよ、光秀が山崎の合戦に敗れ雑兵に討たれるのが一五八二年です。つまり十五年くらいしか信長には仕えていなかったという計算が成り立ちます。

この間に、光秀は秀吉よりも早く城主となります。近江国で八万石。一五七一年のことです。信長に仕えてたった三年です。これは一体どういうことでしょうか。ちなみに秀吉は信長に仕えたのが十代半ばくらいとされます。城持ちになるのが一五七三年三十代半ばの時です。足かけ二十年くらいかかっています。足軽程度がたった三年で城持ち、これは一体どう説明すればいいのでしょうか。城持ちのことは確度が高いデータですので、足軽程度という前提を見直す必要があることになるのでしょう。敗者の歴史は勝者によりゆがめられることが多いですが、光秀も敗者となったが故にゆがめられたと言うべきかもしれません。

勤務先が変わる場合にヘッドハンティングというケースがあります。そうではなく自身が今の職場から解雇され仕方なく職場を変えるという例もあります。解雇で職場が変わるケースを除いて、現状には満足していないのが転職の主な理由かと思います。現状に満足しないということは、理想が高いと解釈することもできます。そこには自分の能力は高いと自負している例も多くあります。つまり、自己評価は高いわけです。職場への満足度は低く、自己への評価が高いということは、どうして自分をもっと高くかってくれないのかという自信過剰や不満の心理にもつながります。信長との出会いまでの時間、光秀がこのような時を過ごしたと想像したくなります。信長と出会ってからは、武勲を挙げています。これらの光秀の業績は現代にも伝わっています。心理的に、満足の要求度が高いにもかかわらず、誰よりも早く城の主になり、武勲も挙げたことで、うぬぼれの芽が育ったということはないでしょうか。

光秀と言えば本能寺の変ですが、本能寺の変はまさにうぬぼれの心理で起こったのでしょうか。光秀の取った行動は、主殺しであり道義的には褒められた行為ではありません。光秀もそれをわかっており、自らの行為を正当化するための手をいろいろ打っていました。しかし、細川幽斎・三斎親子ですら味方しませんでした。光秀に優秀な軍師や参謀がいれば山崎の合戦もまた違ったものになっていたかもしれません。残念なことに光秀には竹中半兵衛や黒田官兵衛のようなブレーンが見えません。資料からも人望がなかったことが伺い知れます。近世で言えば、大久保利通のようなタイプでしょうか。切れ者ですが対人関係において緊張感しか生み出さなかった人間かもしれません。フロイス日本史にあるように、独裁者に近いイメージが真相かもしれません。

本能寺の変がなぜ起こったかについては諸説あります。饗応役を解任されたとか旧領地を没収されたことで恨みを持ったとする怨恨説、比叡山を焼き討ちし神仏をも無視する信長に対しての恐怖説（義憤説）、愛宕百韻など連歌に綴った心境からも伺い知れる野望説、朝廷あるいは義昭、イエズス会が裏で糸を引いていたとする黒幕説、など様々です。黒幕説に至っては、秀吉が黒幕だったとか、いやいや家康だったとか、百家争鳴状態です。最近では、光秀が親しくしていた長宗我部氏に絡んで四国平定には乗り出さないことを信長が約束していたにもかかわらず反古にされたことで怒りを覚えたという説も出されています。面白いところでは、光秀は何も知らずに部下が勝手に動いた結果の本能寺の変だったという説もあります。

とどのつまり、これだという資料が無いので、真相は闇の中というのが現状です。山崎の合戦で死亡したはずの光秀についても、実は南光坊天海が光秀だったというのもあります。南光坊天海と言えば、家康の側近中の側近です。真偽はさておき、歴史はロマンをかき立てるとよく言われますが光秀天海説は一つの良い例でしょう。

一つ確実に言えますのは、本能寺の変に関して光秀はハイリスクハイリターンの選択をしたということです。戦国時代、一族の繁栄を願って敵味方どちらにも関係性を保っておくのが通常のやり方です。主家殺しという一か八かの方法はあまり採用しません。脳の中には、ハイリスクハイリターンを志向するか、志向しないかに関わる部位があることが示されています。げっ歯類での話ですが、その部位の活動が抑えられるとリスクを避けるようになります。

光秀はいわばその部位の活動が抑えられていなかったのかもしれません。また、他人が見ればハイリスクハイリターンなことでも、光秀にとってはローリスクハイリターンに映ってしまっていたのかもしれません。本能寺に居る敵の護衛は少ない、これは確かにローリスクです。しかしその後にやってくるハイリスクはハイリターンの欲望に隠れて見えなくなったのでしょうか。まさに、価値判断の誤りです。

価値判断については、やはり脳の研究が進んでおり、脳の中で価値判断に関わる場所がいくつかわかってきています。光秀の脳では、これらの場所の活動がちょっと違っていたということが考えられます。これらの脳の場所は大人になって変化することもありますが、生後何年間かの間の発達のあり方によってその特徴が定まってくるのもまた確かなようです。推測ですが、光秀の幼少時の環境が脳の発達と機能に影響を与えたとも思われます。その意味で、光秀の幼少時の資料がないのは残念です。

石田三成

石田三成については、武闘派というよりも実務タイプの官僚であったとか、誰よりも豊臣家に忠誠心が高かったとかの評判が定着しています。文禄の役において戦功が上がったのは補給ルートを確保した三成ならではの緻密な計算があったからだという評判もあります。三成にも今に残る逸話が多く存在します。特に、秀吉との出会いにおける三献の茶が有名です。長浜城主であった秀吉が鷹狩りの帰りに寺に立ち寄って茶を所望したところ、寺の小僧がまず大きめの茶碗であまり熱くない茶を出し、次いで先ほどよりは少し小さめの茶碗にやや熱めの茶を出し、最後に小ぶりの茶碗で熱い茶を出したという話です。喉が渇いていた秀吉の思考を先取りした対応に秀吉が感心してその小僧を小姓にしたという話です。寺の小僧が三成であったというのは言うまでもありません。気配りに長ける、機を読むに敏という解釈が成り立ちます。ただしこの逸話は後世の作と考えた方が妥当なようです。出自が身分の低い小僧ということを強調したいという説もありますが、秀吉も身分が低かったことは人口に膾炙しており、仮にそういう作為があったとしてもどこまで効果があったかは疑問です。

戦国時代の三成に過ぎたるもの二つあり、島左近と佐和山の城、という話も有名です。自分の禄を削って島左近を雇用した「君臣禄を分かつ」という話とともに語られます。また、五百石の身分の時にすべての石を与えて新之丞（渡辺勘兵衛）を召し抱えたという話もあります。数字の確度は別にして、良いように解釈しますと三成は部下を大事にし、一家の繁栄を考える気構えがあったとも言えます。悪く解釈すれば三成は能力が低く補佐役が必要だったという解釈になります。

余談ですが、当時の人物像は当人の日記がなければ、後世に残された書物から解釈するしかありません。ただ残念なことにそれら後世の書物は作者の主観が入ったものがほとんどです。これは当時科学という概念がなかったから仕方のないことですが、客観的なデータがないのが致命的です。その意味で、家計簿など数字が残された日記の類は、書いた本人の人物像に一番近づくことができる一級の資料といえます。

三成について、武将としての逸話も多く残っています。生への執着はよく伝わっています。例えば、関ケ原の戦いに敗れて処刑される直前、水を所望したが代わりに干し柿を与えられたところ、体に良くないと言って断ったという話があります。まもなく処刑される身でありながら何を言うかと言う相手に対して、大義あるものは死の直前まで命を惜しむものだと答えたという話です。この先何が起こるかわからないし生きていれば家康を倒すこともできるという訳です。

この話は、豊臣家、秀頼への忠義とともに語られることが多いですが、実は三成は淀君とはしっくりいっていなかったという話があります。むしろ、秀吉の正室である高台院に近かったようです。ここからは推測ですが、三成は源頼朝における北条義時と考えることはできないでしょうか。義時は頼朝亡きあと、頼家、実朝を補佐しますが最終的に頼家、実朝を死に追いやり北条家の基盤を確固たるものにしました。当時三成にとって、秀吉の遺児は幼い秀頼一人でした。その他に秀吉の直系にあたる者はなく後継は秀頼ただ一人です。秀吉が山崎の合戦に勝利し光秀を射ち、信長の後継を決める会議を取り仕切り、着実に豊臣家の覇権を築いた史実を三成は十分知っていたでしょう。関ケ原に勝利すれば、石田政権が現実的になってくるという夢を描いていた可能性はないでしょうか。

三成は近江国の土豪の次男として生まれたという説が一般的です。秀吉との出会いは十四歳のころとされています。光秀同様、幼少のころの詳細はわかりません。秀吉や家康に比べれば平穏な育ちではなかったかと思いますが真偽は不明です。実務の才は幼少期に培われたと考えた方が無難と思います。一般に勝機を図るなど武闘のことは天性も必要でしょう。実務は努力次第で能力は上がります。三成は努力したと考えるのが妥当でしょう。

三成の領主、城主としての評価は高いものがあります。実は領民は慕っていたという話です。秀次と共通するところがあります。三成と秀次はもちろん接点がありました。秀次が秀吉から切腹を命じられ高野山で果てるまでの一連のドラマで三成が登場します。三成は秀次にとってマイナスとなるコメントを秀吉にしたとされます。当時秀吉の後継者は秀次でした。秀吉に秀次のことを讒言したとしたら、三成は将来の石田政権をこの辺りから考えていたことになるかもしれません。相当な人物と評価せざるを得ないかもしれません。

三成で興味がわくのは、男子が咎なく生き残ったことです。重家にしろ重成にしろ異説はありますが長寿を全うしたと考えられます。重家については春日局に関係がある祖心尼に禅を教えたという説もあります。重家はまた霊牌日鑑を著したとされています。

家康が寛大であったのでしょうか。清盛は頼朝に情けをかけたがために平家は滅亡しました。徳川家の安泰を考えるならば、出家したとはいえ実子は危険な存在です。いつ還俗するかもしれません。そのように考えれば、家康の措置は甘すぎるように写ります。家康が三成を買っていたにしろ、子が残ることは危険です。ましてや天下分け目の戦いを行った相手の子どもです。子を生かした背景は何でしょうか。子が生き残っても家康の覇権はゆるぎないと考えたのでしょうか。

実は家康と三成は因縁があります。清正ら秀吉の子飼いの武闘派武将が三成を殺そうとしたことがあります。この時三成が逃げ込んだのは何と家康の屋敷でした。

勝負は時の運です。どちらが勝っても、いずれ秀頼にとって替わると考えて不思議はないと思います。三成と家康にはある意味仲間意識があったと考えてみてはどうでしょうか。

三成の性格を悪く言う書物は幾多とあります。一言でいうと、頭を下げられない男であったという評判です。優秀な人間ほど頭を下げられないのは今の世も同じです。三成の運命は幼少期に聡明であったことが災いしたとも考えられます。平和の世においては頭が良いことはプラスに作用することがありますが、戦国の世において、頭が良いことは時としてマイナスになったわけです。

伊達政宗

独眼竜と言えば政宗と誰もが思い浮かべることができます。やはり有名な戦国時代の武将です。ただしその生まれは一五六七年です。つまり、桶狭間の戦いも終わり、全国統一へのうねりが既に始まっているときに生を受けたことになります。全国統一というドラマの中では遅れてきた武将となります。遅れたついでで言いますと、秀吉の小田原征伐の時に政宗が遅参したことは有名です。後北条氏と同盟に近い関係にあったことが遅参の理由とされていますが、戦況を見ており判断が遅れたとも言われています。詰問に来た前田利家に対して「茶を利休（小田原に同行していた）に教わりたい」といった話や死を覚悟して死に装束で秀吉に対面したなどの話が伝わっています。これが功を奏したのかどうかわかりませんが政宗は遅参の大罪を問われず咎は会津黒川城（若松城）の没収など減封ですみました。小田原参陣の決断や弁明の振る舞いは家臣の智慧者片倉景綱の提案によるものという説もありますが、いずれにせよ政宗の行動は美談ととることもできる反面パフォーマンスと見ることもできます。

後世に残る政宗の逸話としては「英雄」に関するものが数多くあります。もちろん英雄にふさわしい武功もあげていますが、政宗自身は穏やかな文化人ではなかったかとも言われています。政宗と言えば伊達者という言葉が付いてきますが、伊達者にしても英雄的振る舞いにしても戦国時代を生き抜く上で威勢を張る必要があったのかもしれません。もちろん徳川家康との良好な関係、家光に気に入られていたということも英雄像に影響していると思われます。後の伊達騒動の負のイメージを乗り越えるために英雄像が造られたという説もあります。いずれにせよ政宗は徳川という権力側に付いた人間なわけですので実像とは違った像、虚像が後世語られることになったのではないでしょうか。

徳川家康との結びつきは秀吉の死後顕著となります。家康の子、松平忠輝と政宗の長女が婚約したことは一つの例です。秀吉の遺言で秀頼が長じるまで大名間の婚姻は禁止されていたわけですが、当の秀吉本人は死んで居ないわけですしそんなこと知ったことかということだったのかもしれません。家康と政宗はこのようにして結びついていきました。その後の関ヶ原の戦いでは、家康に加担する動きを東北で見せています。大坂冬の陣、夏の陣でも同様に東軍として働いています。

余談ですが、東北地方の大名は小田原征伐後秀吉による奥州仕置もあり総じて秀吉嫌いが多いのではないでしょうか。その代表は最上義光でしょう。東北一の美女と言われた娘が秀次に輿入れして荷物を解く間もなく秀次事件に連座して命を落としています。

政宗の実母は最上義光の妹、義姫です。最上と伊達は必ずしも仲が良かったわけではありませんが、この義姫が両者の間をつなぎ止めていました。義姫は政宗の弟である小次郎をかわいがり、政宗の毒殺を謀ったという話がありますが、政宗が義姫に晩年送った書状が最近見つかりました。説とは異なり仲の良かったことが伺える内容になっています。どうも政宗の周りには作り話が多い気がします。小次郎についても、政宗に殺されたという話もありますが、長命だったという説もあります。

政宗は家光から尊敬されていたようです。政宗の死の間際にはわざわざ家光が屋敷まで見舞いに来ています。秀忠とも良好な関係にありました。外様の政宗がどうしてと思いますが、答えは一つでしょう。気に入られたからだと思います。いわゆる大身の戦国大名として生き残った代表人物でもありました。政宗のパフォーマンスが効いたのか調子が良かったのかそれは分かりませんが、言葉に説得力があったのではないでしょうか。相手を引きつける言葉を発することができたのだと思います。文化人としての素養が生きたのではないでしょうか。

政宗には大坂夏の陣の時に味方打ちをしたという噂があります。真偽は不明ですが、仮に本当であったとしても政宗が咎められたという事実はないと思います。むしろ庶長子が宇和島藩主になるなど恩賞が与えられています。言い訳上手という姿も浮かび上がりますが、上辺だけの言い訳はすぐに見透かされます。政宗はその弁舌において巧みなものがあったということでしょうか。ただし、武略という点において若いときの政宗はいかにも頼りない印象があります。

政宗は幼少時天然痘にかかったことで右眼の視力を失ったとされています。幼少にしてハンディキャップを背負ったわけですが、それが政宗のこころの発達にどう影響したかは関心があるところです。一般的に、生きる目標を明確にすることで、ハンディキャップを乗り越えていくことが多いと思います。政宗はハンディキャップを受け入れて、自己成長したものと思います。ハンディキャップにとらわれるとまた違った結果になっていたでしょう。政宗の父である輝宗は、そういう政宗を思ってでしょう、政宗の教育に熱心であったとされています。高名な学者を呼んでいます。政宗は料理好きだったと言われていますが、広く教養を積んだ結果だったのだろうと思います。

政宗は輝宗の隠居により、数え十八歳にして家督を継いでいます。政宗の願望は奥州統一から全国統一だったと言われています。相続後五年後には蘆名氏を滅ぼし、奥州統一に近づいています。秀吉の小田原征伐がなければ相馬氏、関東にあった佐竹氏も滅ぼし大勢力を築いたであろうとも言われています。

しかし、すべて順調だったかというとそうではなく当初は敗戦が続きました。相続の翌年には輝宗が敵方に拉致され、反撃に出た伊達軍との戦いの合間に輝宗が命を落とすということも生じています。輝宗の落命については政宗がわざと父親殺しを行ったとするとらえ方もあります。輝宗と政宗は確かに路線の違いがありました。越後の上杉に対して輝宗は侵攻を考え、政宗は和睦を考えていました。蘆名氏に対しては、輝宗は和睦を考え、政宗は侵攻を考えていました。つまり輝宗が敷いた東北各地方勢力バランスが政宗になって崩れることになりました。バランスを崩してしまった政宗に対して離反する勢力も多く出ました。そのため最初は連戦連敗だったわけです。

しかし、郡山の合戦で蘆名・相馬の連合軍に対してなんとか持ちこたえ、これが運気を呼んだのでしょうか、摺上原の戦いで蘆名氏に勝利することができました。結果として蘆名氏を滅ぼすに至ったわけです。勝利の要因は二つかと思います。伊達成実という逸材が一門にいたことと、蘆名氏内部の内紛があったことです。蘆名氏は内部抗争で滅ぶべくして滅んだとも言えます。

幸運を手にした政宗は奥州の盟主になりました。これらの幸運がなければ、家光に気に入られた政宗もなかったわけです。その後は経験を積んで、成長し、カリスマ性を備えたというところではないでしょうか。ちなみに、伊達成実も不思議な人物です。関白秀次の切腹後、秀吉が在京武将に命じた誓詞に署名したのを最後にしばらくの間出奔します。歴史の舞台に戻るのは関ヶ原の戦いの時です。出奔の理由としては政宗から受ける待遇への不満、あるいは秀次への咎が政宗に及ぶことを防ぐためだったなど様々なことが取りざたされています。

政宗から見える人間像は、若い頃は戦略性がない文人型、覇者となってからは弁舌爽やかなパフォーマンス型ではないでしょうか。秀吉についたかと思えば、家康に乗り換えています。老年期は戦国時代の生き残りとして尊敬を集めています。この変遷をどうとらえるかですが、見えてくる姿は部下に任せ神輿に乗るタイプでしょうか。幼少期の家庭環境が良く、秀才タイプだったのではないでしょうか。ハンディキャップを乗り越えるための努力は人一倍だったと思います。ただ成長期に大事にされ過ぎますとおぼっちゃまタイプになります。若い頃の戦略性のなさはその表れでしょうか。知識先行型だったかもしれません。しかし、世間の波にもまれ経験も積み、老年期は幸せな余生を送ることになったと思います。

ただこの手の為政者つまり担がれて神輿に乗る為政者は、改革者ではないことが多いと思います。政宗の時代、伊達一門の格付けや領地については封建的な思考のままで官僚型支配ではありませんでした。領地争いなど内紛の芽が育つ土壌を残したことが後の伊達騒動につながったと思います。

人間誰しも幼少期があります。長じても記憶に残らないことが多い幼少期ですが、大人になった時の振る舞いを説明するために、幼少時の環境、生活がどうであったかを探れば、数々の謎が解けてきます。何人かの戦国武将の例を出して、こころと環境、こころと幼少期ということを考えてみました。現代科学では血液や毛髪の解析から遺伝子の解析を行うことが可能になっています。政宗など血液型が分かっている武将は多いですが、政宗に限らず遺髪や血判などが残っていれば遺伝子の面からもう少しこころのことを知ることができるかもしれません。ただ、歴史のロマンはロマンとして置いておいた方が夢はあって良いように思います。

第五章　ひと味違うこころ　―人生を楽しくするものの見方―

見方を変える

前章では幼少時のできごとと大人になってからのこころのことを書きました。今を生きる人にとって、幼少期の頃の出来事は記憶に残ることはあっても、昔に戻って今からその出来事を変えてみるということはできません。しかし、こころの持ちようは今からでも変えてみることはできます。若いときにいい思い出がなかった人も、それを引きずることなく顔を上げて前を向いて歩いている人はいっぱいいます。こころの切り替えがスムーズに行くと人生は楽しくなるわけです。

若いときだけでなく、ついこの前の出来事に対してもクヨクヨして引きずる人がいます。沈んだこころのありようを変えるにはどうしたらよいでしょうか。いろいろな人と話をして、いろいろな人の考えに触れてみるのも方法です。先人達が残した文字や言葉に触れてみるのも方法です。大事なことは、こころが明るく軽くなるきっかけがあれば良いわけです。

こころが変わるきっかけは自分でもしようと思えばできます。物の見方を少し今までと変えれば良いわけです。言うは易く行いは難しと思われるかもしれませんが、今日からでも少し見方を変えれば、やがて明るくなった自分に気がつくと思います。

少し前に「ニーチェの言葉」という本が流行しました。ニヒルな物の見方に感動した人も多かったと思います。ちょっと違った角度から物を見るとこんなにも違うのかということに気づかされます。東洋にも「老子（または老子道徳経）」という書物があります。ちょっと違った見方をするところも違うのかということに気づかされます。書いたのは老子とされていますが真偽は不明です。文中に仁義という言葉が出てきますので、仁義という言葉が成立した後世に道家の関係者が作成したのだろうとも言われています。老子その人についてもその実像は不明です。一人の人物だったのかどうかさえわかっていません。しかし荘子とともにその考えは老荘思想として知られています。

無用の用

老子については好きな人もいれば嫌いな人もいます。ただ、老子という書物からは好き嫌いは別にして多くの物を学び取ることができると思います。ちょっと違った見方に触れるとなにげにこころが我に返るといいますか、軽やかになる気がします。たとえば無用の用という言葉があります（老子上篇道経十一章）。よく引き合いに出されるのは部屋のことです。壁であれ襖であれ、物質として壁や襖は「有」か「無」で言いますと有です。しかし人間が使用するのは壁や襖で囲まれた空間です。空間は「有」か「無」で言いますと無です。無のはずの空間が役に立つと言うことです。なるほどそうかと思わず膝を打つ瞬間です。

このように何気ないことでもそう言われればなるほどそうかというのが、老子やニーチェの本から学び取れることがらです。簡単に言いますと、物事は少なくとも裏と表の二面で見るようにした方がよいという学びです。二面でなく多面的な見方でもいいと思います。

では無用の用の様なユニークな発想をするにはどうしたらいいのでしょうか。一つには、自分が持つ情報量が多いに越したことはないということだと思います。日々のニュースも持っている情報量が少ないとあーそうかで終わってしまいますが、持っている情報量が多いとこう書いてあるけれど実際はこうではないかという考察ができます。

楽しんで学ぶ

情報量については、専門知識でもいいでしょうが、幅広い分野の雑学に触れることで十分な気がします。知らなかったことを知っていくわずかな作業でもそれが貯まれば相当なものになります。あとは、それをどう使うかということです。仕事に使うも良し、趣味に使うも良しです。人生楽しんでなんぼの物だという感覚で言うならば、楽しみつつ情報量を増やしていくのが良いでしょう。

楽しみつつ情報量が増えることはこころの広がりにつながります。ちょっと違った角度の見方が身につけば、それはこころにも反映されます。今まで片方の面からしか見ていなかったためにこころが沈んでいても、反対側の面から見ることによってこころが軽やかになることがあります。

楽しいことが感じ取れるようになるからです。

たとえば今悲しいことがあっても、それは次に来るであろう喜びをより大きくとらえるために必要なことと思えば、一歩先に踏み出せる気持ちになります。悲しみを知らなければ、喜びも味わえません。失恋をしたときは悲しいですが、失恋がなければ次の新しい出会いはないでしょう。あのときこんなことがあったから今がある、と考えれば良いのだと思います。

ここでは私自身が老子の書物から感じ取ったことを老子の言葉を借りながら少し披露してみたいと思います。

道の道とすべきは常の道にあらず、名の名とすべきは常の名にあらず（老子上篇道経一章より）

老子では万物の根源の元を論じるとき、道（タオともいいます）という考え方を持ち出します。道とはなにもない混沌とした状態のことで、ここから有形の天と地というものが生み出されたと考えます。言い換えれば、天と地を生み出すもとになるエネルギーが道ということになります。この考え方はまるでビッグバンのような考え方です。ビッグバンは時間の概念も空間の概念もない無の状態から約百四十億年前に大爆発が生じ、宇宙が誕生したとする考え方です。ビッグバン理論に従えば宇宙は今も広がり続けています。でもその始まりの状態は重力もなく、アインシュタインの相対性理論も通じない世界です。道を理解するにはビッグバンの始まりを考えればよいでしょう。ビッグバン仮説を提唱したのはルメートルですが、いつ提唱したかといいますと一九二七年のことです。老子から遅れること二千五百年くらいです。物理学もなかった時代に老子はどうしてこのようなことが考えついたのか不思議です。

白川静さんによれば、道の字には霊力の宿る人の首を持って歩いて邪悪を払うという意味があるようです。初めて踏み入れる地では特に邪悪を払うことは大事だったのでしょう。道の字のしんにょうはこれから行く方向などを表す意味があるようです。行く先々で邪悪を祓い神聖なものを形作っていったという意味が道の字には込められています。つまり、道は神聖なことを表す字でもあります。万物生成の源は邪悪であっては困ります。老子が道という漢字を使ったのは意図的だったかもしれません。

老子のいう道とよく似た概念に太極という言葉があります。太極から陰と陽が生み出されるとされています。太極と道を比べた場合、道という一文字で表すことの方が奥深い気がします。老子による道という考え方は自然体や無為という言葉と同義的であると考えられています。ビッグバンの爆発はひとたび起これば、あとは今の科学では人為的にどうすることもできません。つまり、ビッグバンの爆発以後におこる宇宙の形成は自然体で行われることになります。

道の道とすべきは常の道にあらずという意味はいろいろな人が道ということ言っているが、それはもともとあった道という意味でないということです。名の名とすべきは常の名にあらずという意味は、誰かが名前を付けてあーでもないこうでもないと言っているが、その名前はもともとの名前ではない、という意味です。もともとの名前は何かというと、名前がない状態のことです。つまり、道は無名であるというわけです。ビッグバンに例えれば、宇宙が誕生したら、やれ太陽やら地球やらと名前が付いたようなもので、宇宙が誕生する前には地球の名など無かったということです。

本題に戻しますが、老子が言いたかったことは、いろいろな思想家がいろいろな道を説いているけれどもその流派にしか通じないような道であって、自分たちに都合の良い道を説いているに過ぎないということです。ただ、多くの人はその言葉に幻惑されて、その流派の信奉者になってしまっているというわけです。言葉や文字の魔力と言っても良いかもしれません。

文字や言葉は感動を生みますが、人はいつの頃からか文字や言葉に傷つく存在にもなりました。特に、他人とのコミュニケーションにおいて、こころない言葉にどれだけ多くの人は傷つき悩んだことでしょう。ペンの暴力という言葉もあります。同じ触れるなら良い文字や言葉に触れた方が心地良いに決まっています。でも、批判的な文字や言葉がないと人は成長しないのも確かです。

文字や言葉が持つ力は不思議なものだと言えばそれだけですが、人間の活動とともにあるのも確かです。言葉や文字を発する人も受け取る人も常に同じではありません。時とともに考えや気持ちは移ろいます。相手に対する感情も移ろいます。

覚えた感動は記憶にとどめ、いただいた批評はこころにとどめ、そのとき触れた文字や言葉は時とともに消化し、自分の成長のために昇華していくのがよいと思います。あくまで自然体の自分で居て、感動も批判も自分に必要なことと思えば良いのだと思います。

天下皆な美の美たるを知るも、これ悪なるのみ。皆な善の善たるを知るもこれ不善なるのみ（老子上篇道経二章より）

みんなこれは美しい美しいと言っているけれど、見方が変われば美しくなくなることがある。みんなこれは善いことだ善いことだと言っているけれど立場が変われば全く善くないこともある、ということを言っています。時事問題を考えますと老子の言う意味がよく分かります。たとえば、憲法改正論議について賛成論者もいれば反対論者もいます。それぞれに主義主張があります。善悪論争で言いますと、こっちが悪で、こっちが善だと決めつけてしまえば、確かにわかりやすく、納得しやすいところがありますが、時事問題などはどっちともつきかねるので、議論が盛んなわけです。とらえ方が変われば意見も異なるということです。

善玉と思っていたのが、別の視点で見ると実は悪玉だったなんていうことは社会にはざらにあります。一例ですが、犯罪を犯した人を知っている人のコメントに、「え、あんな善人が」とか「とてもそのようなことをする人には見えませんでした」というのをよく見かけます。一面を見ただけでは全てをとらえることがいかに難しいかの良い例です。

ところが、これがひとたび健康問題などになりますと、これは悪玉ですと言われたとたんに、それを信じてしまうということが起こります。特にその反証が無いような、あるいはすぐには反証が期待できないような時、こっちが悪玉ですという単純明快な図式は普遍化していく傾向があります。例えば、善玉コレステロール、悪玉コレステロールというのがありました。非常にわかりやすいフレーズですが、研究が進むにつれ、一概に悪玉であるとか、善玉であるとか決めつけられないことも分かってきています。

善悪、勝負、黒白など対比法を用いた単語はたくさんあります。どちらかが良くってどちらかがだめだと言うことはとても楽な表現方法です。特にそこに道徳を持ち込むと、一層際立った対立の構図が描けます。また、美醜にも道徳が入ることがあります。清貧は美なりというたぐいです。美醜で言いますと、美男美女のカップルも居ますが、美女と野獣のカップルも居ます。美の価値観は人それぞれということです。でも大事なことは、当事者のカップル同士はうまくいっているということです。美男美女とか、美女と野獣とかいうのはあくまで第三者の評価に過ぎません。

しかし、仕事ということになりますと時に第三者の評価が大変重要になります。評価者が生半可な評価能力しか持っていない場合は、評価される側が不幸になります。評価者になった場合、何が善で何が悪であるとか、何が先駆的で何がそうでないとか、既成事実や固定観念にとらわれない俯瞰的な、大局的な能力が要求されます。実は評価者にこそ発想が要求されます。仕事の目利きとはなにかについてこの老子の言葉から学ぶところは大きいです。

また日常生活においても、異なった角度から見てみるという癖を付けておくと、コミュニケーションから受けるこころのストレスを軽くすることに役立つと思います。和を以て貴しとなすという言葉がありますが、一面からしか見ない方法ですと和は築けないように思います。いろいろなものの見方を身につけることは、「和」への第一歩ではないでしょうか。人と違う見方をすることは悪いことではないのです。和を築くために必要なものです。

重きは軽きの根たり（老子上篇道経二十六章より）

もともとは君主のあり方を説いた言葉です。浮わつかずどっしりとしておきなさいということです。リーダーも、時の情勢に流されず、静かに構え、どっしりとしておくことが大事です。何ごとにも源があります。そこからいろいろなものが派生します。仕事の世界ではよくオリジナリティが大事と言われます。オリジナリティとは独創性というよりも、源流性ということが本来の意味です。源流は浮ついたところには生じません。軽い枝葉末節のところから始めても重きところには至りません。リーダーは源流を意識する必要があります。

では、源流はどうやって見いだせば良いのでしょうか。直感もあるでしょうし、運もあるでしょう。ある程度考えてから挑戦したいという場合は、俯瞰力が必要になるかもしれません。遠く離れた世界の出来事が自分に関係あるかもしれないと気づくか気づかないかでその後が変わることがあります。俯瞰力があれば、ピンときます。

しかし残念なことにどんなに優れた人でもピンと気づかないという人はいっぱい居ます。自分に関係がないと思って関心や興味が湧かないからです。本当のリーダーは一見自分や自分たちの仕事に関係がないように見えたことがらでもまず学ぶということをします。

俯瞰力というのはどこから来るのでしょうか。特定のところに思い入れをしないバランス力からくるかもしれません。そうすれば周囲はまんべんなく見える様になるかもしれません。しかしそれだけでは仕事人としては成功しないかもしれません。行動力を伴う必要があるでしょう。また人を動かす力も要求されるでしょう。

また、バランス力だけで個々の仕事が進むかと言いますと必ずしもそうではないと思います。題材に自らが惚れ込むことが重要と思います。他人が見て何だこれというような題材であっても、一心に打ち込むことで後世に残る成果は生み出されます。マネージャーと専門家・職人は自ずから見る範疇と打ち込む範疇が違うということかと思います。

もちろん枝葉末節を好む人も居ます。好んではいないけれど、枝葉末節が気になり抜け出せない人もいます。後者の場合は、本人はもちろん自分がおこなっていることは枝葉末節だとは夢にも思っていません。このような人が仮に部下だとした場合、細かに口出しするよりは成長を見守った方が良いように思います。ただし、本人が気づかないと成長はありません。気づきの機会を与えるのが教育かと思います。

同一人物を相手に毎回、毎回同じやり方で指導をしている人がいますが、部下の成長を阻害しているような気がいたします。良い上司というのは、作法の教育が終われば、権限委譲じゃないですが、部下に全幅の信頼をおいてとにかくやらせてみる。でも責任は自分が持つ。そういうタイプが望ましいのではないでしょうか。

俯瞰力と個々の仕事への情熱が両方要求される分野もちろんあります。ジェネラリストでありかつスペシャリストであるような分野です。たとえば、教育の分野がそうではないでしょうか。どの国も教育には力を入れます。大事なことは、ビジョンかと思います。老子はこのビジョンということに対してユニークな考えを持っています。

平常心もリーダーには重要になります。平常心はその人のこころの深さ、懐の深さに関係する気がします。懐の深い人は、ものごとの責任ということがわかっている人たちではないでしょうか。責任を取りたくないというこころが平常でいられなくしている場合があります。嫌なことがあっても、相手のせいにするのでなくひとまず自分の責任にして見て、自分が変われば相手も変わるという姿勢で臨んでみるのも方法と思います。俯瞰力があれば難しいことではないのではないでしょうか。

余談ですが、俯瞰力が必ずしも功を奏する訳ではないという例は世の恋愛事情でしょうか。恋愛は特定の相手に好意を寄せるところから始まりますので、はじめから各論的です。恋愛が始まったとたん、俯瞰力というものは消えてしまうのではないでしょうか。相手に対して「なんて素晴らしい神様の贈り物か」と思うことしばしばです。もっとも、別れの直前には、「神様もたまには気まぐれで間違いを犯すこともある」と思うことがあるのもまたその通りです。仕事では、神様の気まぐれは無いと言ってもいいと思います。一生惚れ込んでその題材に没頭する姿は美しいと思います。

大道廃れて仁義あり（老子上篇道経十八章より）、無為を為せば、すなはち治まらざる無し（同三章より）

大道とは本来のあるべき姿というような意味です。政治において本当のあるべき姿が失われたとき、仁義というものが出てきたと老子は皮肉っています。無為を為せばで始まる文の方は、何ごとも自然体が良く、昔はそれでうまく治まっていたという意味です。大道とは無為であり、自然体ということです。同じ章の中には民衆には何も教えない方が良いとか民衆は無知の方が良いという記載があります。これは老子流の解釈なわけですが、その言わんとするところは、智慧を持ち始めると嘘偽りが出てくるようになった、ということです。老子は皮肉が大好きですが、その面目躍如な文章です。国家が乱れ始めると忠臣というものが出てきたとも書いてあります。忠臣というのは、要は取り巻きですから、君主を恣意的に導いてしまう者だということです。

老子は儒教が嫌いだったようで、盛んに儒教を攻撃します。老子によれば、仁義、忠孝を説くような儒教の精神は世の中がだめになった証拠だということになります。老子のこの考えを、儒教批判ということでなく、今の世に照らしてみますと、例えば、型や作法にはめてしまうと窮屈になるということです。見本というかお手本を押しつけることは本当に世の中にとっていいことなのかと解釈できます。

大道廃れて仁義ありと同様な表現は老子下篇徳経三十八章にもあります。「道を失いて而して後に徳あり、徳を失いて而して後に仁あり、仁を失いて而して後に義あり、義を失いて而して後に礼あり、それ礼なる者は、忠信の薄きにして乱の始めなり」として儒教を批判しています。礼は虚礼につながるという戒めでしょうか、一番下位においています。確かに礼儀作法というようになってきますと、型にはめるというイメージがついてきます。

自然体が良いというのは、政治の世界ではなかなか難しいかもしれません。古墳時代から平成の世に到るまで政治の世界を見ても、どこかの時代に自然体の政治があったかというとそれは皆無です。書に残らないような神代の昔にそのような政治があったと中国ではよく堯、舜の伝説時代が理想のように語られます。しかし日本では少なくとも伝わる話の限りにおいて、万民が皆平和で暮らした、桃源郷のような時代はなかったようです。

自然体、大道という言葉は、頭を空っぽにして、あらゆる可能性を否定しないときに、本当によい発想が生まれてくる、ということにつながるのではないでしょうか。常識にとらわれていてはいけないということです。パラダイムシフトは既存の概念に縛られていてはできません。

日常生活に悩んでいるときも、自然体でいることで、バランスが良くなり、ブレない自分に気がつくと思います。新聞の投書欄を見ても嫁姑問題を始め義理人情で悩むことが本当にたくさんあります。義理やら人情という言葉が出る前の世界とは何であったでしょうか。それぞれの問題が起こる前の状態はどういうものだったのでしょうか。思いやりの些細なボタンの掛け違いが問題をこじらせたという場合が多いと思います。無為にして繕わず、言い訳をせず、が良いように思います。

大成は欠くるがごとくにして、その用は弊れず。大巧は拙なるがごとく、大辨は訥（とつ）なるがごとし（老子下篇徳経四十五章より）

本当に素晴らしいものは、意外と欠点や欠陥だらけのように見える。けれども、いつまでも長く用に立つものだ。大変上手に行ったときというのは意外と稚拙に見えるものだ。すごいことを弁じているなという場合は意外と訥々と話しているように聞こえるものだということを言っています。要は、華やかであっても、節度のない華美はいけないし、猿も木から落ちる、河童の川流れ、弘法も筆の誤りというたとえのように名人と言われても常に慎重を期さないと失敗するということです。うまく立ち回ったように見えても、意外と人の感情を害していたなんていうことは世間では日常茶飯事ではないでしょうか。

大言は妄言であったりすることも、歴史を振り返ればその例は多く見受けられます。その言葉足らずのためにどれほどの誤解と混乱が生じたか、大本営発表の例を挙げるまでもないことです。過度なナショナリズムの高揚、恣意的なプロパガンダの発動は、逆説的に言えば、常に歴史を動かしてきました。老子的に言えば、未熟な為政者のためにどれほど世間が混乱したかということかと思います。

老子にしてもニーチェにしても斜に構えた物の見方に過ぎないという批判はあります。特に老子の国家観は一つの理想、総論に過ぎないという批判があります。当時の歴史的な背景を考えれば老子が言わんとしたところはわかりますが現代社会に当てはめるには問題も多いのはその通りでしょう。ただ、個人に当てはめますと、老子やニーチェのような考え方もできるようになると、幅が広がり、自分の持っている懐と言いますか引き出しの数が増えるような気になります。

日常生活においても木訥としているのが良いかもしれません。華美は嫉妬を生みますし、妬みを受けるもとになります。欲は持てば切りがありませんし、それを守ろうとして不安が生まれます。知足が大事ということになります（老子上篇道経三十三章）。

人間社会は人と人の関係の上に成り立っています。コミュニケーションが社会を支えています。人間は言語という能力を獲得し、コミュニケーションというツールを手にしました。本来ならばそれで世の中がうまく回るはずでした。しかし現実にはうまく回らないことが多々です。なぜでしょうか。それは相互理解促進型であるべきコミュニケーションが相互理解阻害型や相互不理解型に陥っているからです。社会の病理は人間が欲というものを持ち始めた時から始まったのではないでしょうか。

徳を含むことの厚きは、赤子に比す（老子下篇徳経五十五章より）

徳のある人は赤ん坊のような状態だという意味です。意訳しますと、余計な知識で変な色に染まっているよりも純粋に無垢の方が善政ができるというようなことかと思います。余計な知識は欲を生み出し、欲は嫉妬の源となり争いを生むというところでしょうか。政治の世界のことはさておき、赤ちゃんのようにというのは発想の転換といいますかイノベーションにつながるものかと思います。既成事実や固定観念にとらわれていますと大胆な発想はできません。知識があるとすぐに、それは無理だろう、というマイナス思考に入るからです。赤ちゃんのように何も知らない状況の方が大胆で、ある意味無知な発想ができます。

無知な発想は愚者のすることと思われるかもしれませんが、無欲の発想と言い換えればいいかがでしょうか。賢者の発想に思えてしまうのではないでしょうか。つまり、知識が無くてもひらめきを生み出すことができます。人の話を聞いたりしたときに、「ところでこれはどうなのかな」ということを思いつき、口に出すことが重要かと思います。もちろんひらめきは議論のなかから生み出されることもあります。短く終わる議論でなく長く続く議論から生じる場合もあります。赤ちゃんは議論ができませんが、赤ちゃんのような染まらない精神で臨めということと思います。

ひらめきは、「これがあったらおもしろい、世の中ひっくり返るよ」という気持ちと、「なんとかなるさ、大丈夫」という気楽さと、ワクワクどきどき感と、「とりあえずやってみる」という身の軽さと、関係がない分野にも関心を持つアンテナ感と「ネガティブな結果だから次がおもしろい。予想とおりの結果はつまらない」という前向き感のあるところに降りてくるように思います。もちろん、セレンディピティのようなこともあるでしょう。ただ、アイデアがだめなところにセレンディピィティは降りて来ないように思います。

ひらめきに限らず、日常生活は変な色に染まっていない方が暮らしやすいのではないでしょうか。他人に危害が及ばないこだわりは大丈夫ですが、他人に迷惑をかけたりするこだわりは独りよがり以外の何者でもありません。独りよがりは自分中心の考えから生じ、自分に都合のよい思考に陥りがちです。自己正当化も時には必要ですが、他者を正当化してみて自己を見つめ直す方法を取ってみると、意外と徳が身についてくるかもしれません。

無為にして化す（老子下篇徳経五十七章より）

君主は何もしない方が民は付いてくるということが述べられています。法律で縛るから文句も出てくるのだということです。豊かになれば物欲が出てきて世の中が乱れるということです。言わんとするところは「無為を為せば、すなはち治まらざる無し（老子上篇道経三章）」と共通しています。

私の本職の研究のことでいいますと、どんな環境でもたくましく育つような人材を育てることが必要です。与えられた、恵まれた環境でしか力が発揮できない人は本当の実力を持っていないと思います。恵まれた環境というのは、たとえば手取り足取り教えてもらえる機会があるということも含まれます。逆説的ですが、何も教えない、手を取って教えないほったらかしの教育が本当はたくましい人材を育てるということになります。

そのようにして成長した人材が自分を越えていった場合は本当にうれしいものです。恩返しをしていただく必要はありません。その人がまた次の時代の優秀な人材を育ててくれればそれが最大の恩返しです。

頭の柔らかさは行動の柔軟性とほぼ同じと思います。賢い人ほどあり得ないと考えてやりませんが、あったらおもしろいと考えて、とりあえずやってみることが必要でしょう。どうやったらノーベル賞、イグノーベル賞を取れるかということを考えるのも楽しいです。イグノーベル賞もあと三十年もすれば立派なノーベル賞でしょう。

老子の言葉は本質とは何かについて改めて考えさせられます。本質とは何でしょうか。本質をとらえる教育は知識偏重の教育でなく、智慧を重視した教育から生み出される気がします。それには歴史、文化を知ることも重要と思います。本質を見ると良い発想につながるのは言うまでもありません。

発想で大事なのは要素論的、関数論的思考能力を身につけることです。難しいことではありません。仮説を持っていたときにどこに落ちるかはいわゆるパラメーター数に依存します。ある仮説があるとして単純にある要素に対してイエスかノーかだけ見る場合はX軸を考えれば良く、イエスが+、ノーがマイナスと頭の中で整理します。要素が二つになった場合はY軸も想定します。この場合考えられるパターンは四通りです。どれが自分にとって一番魅力的なパターンかを良く見極めて、それが崩れてしまうかもしれないというクリティカルな検証を最初にします。夢は文学的に考えつつも思考においては理系の要素は残しておくのが発想では大事です。

ものの見方を変える例として老子のことを紹介してきました。見方が変わると世界が新しく見えます。知らない世界に触れることは自分の思考や行動に新しい息吹を吹き込んでくれます。知らないことを知ることは、知識や智慧の小箱を増やし、会話を楽しくします。明日から、ちょっと違った自分になってみてはいかがでしょうか。

第六章　百人一首の覚え方

第一章で百人一首のことを書きました。百人一首を実際に覚えたわけですが、そのときに体験した覚え方をここに書いておくことにします。

一枚しかない句を覚える—むすめふさほせ—

既に多くのところで示されている方法ですが、上の句の最初の一文字で始まる歌はそれしかないという歌をまず覚えます。キーワードは「むすめふさほせ」です。意味のない言葉ですが無理にでも覚えます。何か意味づけて覚えたいときは当て字でも構いませんから自分に合ったものを当ててみてください。私は「娘、房干せ」を連想しました。

む　村雨の　露もまだひぬ　槇の葉に　霧たちのぼる　秋の夕暮（87番　寂蓮法師）
す　住の江の　岸に寄る波　よるさへや　夢の通ひ路　人目よくらむ（18番　藤原敏行朝臣）
め　めぐり逢ひて　見しやそれとも　わかぬ間に　雲隠れにし　夜半の月かな（57番　紫式部）
ふ　吹くからに　秋の草木の　しをるれば　むべ山風を　あらしといふらむ（22番　文屋康秀）
さ　さびしさに　宿をたち出でて　ながむれば　いづくも同じ　秋の夕暮（70番　良暹法師）
ほ　ほととぎす　鳴きつる方を　眺むれば　ただ有明の　月ぞ残れる（81番　後徳大寺左大臣（藤

原実定））

せ　瀬を早み　岩にせかるる　瀧川の　われても末に　逢はむとぞ思ふ（77番　崇徳院）

暗唱しつつ、筆記しつつ、繰り返し繰り返しこの順に一字一句覚えます。最初は作者や番号などは覚えなくても大丈夫です。百首一通り覚えたら、作者と番号を覚えれば良いと思います。それまではただ歌だけを覚えます。それぞれの歌の意味は多くの本がありますし、インターネットでも簡単に読むことができます。あ～そういう意味なのかとわかればまた関心も湧いて、覚えるスピードが速くなると思います。作者のこともわかれば、さらに関心が湧いてもっと覚えてみようという気になると思います。たとえば、57番の紫式部は覚える順としては早く出てくるのだとか、70番の良暹法師は謎だらけの人だとか、81番の実定は定家のいとこだとか、77番の崇徳院は保元の乱で敗れて讃岐に流されそこで亡くなったのだとかいうような歴史がわかれば興味が出ると思います。22番の文屋康秀は九世紀頃の人ですが小野小町との交流が有名です。小野小町の実在は文屋康秀らとの交流から支持されているわけです。

覚える句の数が増えますと、こんがらがって最初は上の句と下の句がどうしてもつながらなくなると思います。私は順に、むきり（無霧）、素夢、メクモ、踏むべ、サイズ、ホタダ、背割れというように上の句の最初の一文字と下の句の最初の二文字をつなぎ合わせた三文字を語呂合わせで作り、それを覚えました。村雨の「む」と霧たちのぼるの「きり」をつなげて「むきり」としたわけです。

「むすめふさほせ」の七首が完璧に言えるようになったら次に進みます。

二枚の組の句を覚える―うつしもゆ―

次はその文字で始まる歌は二首しかないというものを覚えます。キーワードは「うつしもゆ」です。私は、「写し燃ゆ」という連想でこの意味のない五文字を覚えました。それぞれの歌は「むすめふさほせ」の時に倣って覚えます。並べる順は上の句の二文字目の五十音順です。

う　憂かりける　人を初瀬の　山おろしよ　はげしかれとは　祈らぬものを（74番　源俊頼朝臣）
　　恨みわび　ほさぬ袖だに　あるものを　恋に朽ちなむ　名こそ惜しけれ（65番　相模）
つ　月見れば　千々に物こそ　悲しけれ　わが身ひとつの　秋にはあらねど（23番　大江千里）
　　筑波嶺の　峰より落つる　みなの川　恋ぞつもりて　淵となりぬる（13番　陽成院）
し　忍ぶれど　色に出でにけり　我が恋は　物や思ふと　人の問ふまで（40番　平兼盛）
　　白露に　風の吹きしく　秋の野は　つらぬきとめぬ　玉ぞ散りける（37番　文屋朝康）
も　ももしきや　古き軒端の　しのぶにも　なほあまりある　昔なりけり（100番　順徳院）
　　もろともに　あはれと思へ　山桜　花よりほかに　知る人もなし（66番　大僧正行尊）
ゆ　夕されば　門田の稲葉　おとづれて　蘆のまろやに　秋風ぞ吹く（71番　大納言経信）
　　由良の門を　渡る舟人　梶を絶え　行方も知らぬ　恋の道かな（46番　曾禰好忠）

上の句と下の句がつながらないときは、「むすめふさほせ」の時と同じように、上の句の出だし下の句の出だしで語呂合わせを造語します。うか禿げ、裏恋、月若、付く恋、霜野、白津、桃菜穂、モロ花、湯足、由良行く、などと覚えました。

人物像もいろいろです。74番の俊頼のことは先に第一章で触れました。71番の経信は俊頼の父親、85番の俊恵は俊頼の子どもです。75番の基俊は俊頼のライバルです。65番の相模の父親は源頼光と言われています。頼光は大江山の酒呑童子退治で有名です。頼光には四天王が居ましたがその一人が坂田金時で足柄山の金太郎のモデルです。13番の陽成院は心の病を患っていたようでまだ十代でしたが譲位します。その後長生きしますが、譲位の黒幕は藤原基経と言われています。基経は良房の養子でしたが、摂関家の栄華を築きます。40番の兼盛は後に出てきます41番の壬生忠見との歌合戦で有名です。敗れた忠見は悶死したとも言われています(真偽は不明ですが)。59番の赤染衛門は兼盛の子どもという説もあります。37番の朝康は先に出ました22番文屋康秀の息子です。

完璧に覚えたかどうかは紙に書き出してみて確認しましょう。ここまで覚えると十七首です。百首のうち、もう十七も覚えたことになります。

三枚の組の句を覚える――いちひき――

次はその文字で始まる歌は三首しかないというものを覚えます。キーワードは「いちひき」です。
い　いにしへの　奈良の都の　八重桜　けふ九重に　にほひぬるかな(61番伊勢大輔)

今来むと　いひしばかりに　長月の　有明の月を　待ち出でつるかな（21番素性法師）

今はただ　思ひ絶えなむ　とばかりを　人づてならで　いふよしもがな（63番左京大夫道雅）

ち

契りおきし　させもが露を　命にて　あはれ今年の　秋もいぬめり（75番藤原基俊）

契りきな　かたみに袖を　しぼりつつ　末の松山　波越さじとは（42番清原元輔）

ちはやぶる　神代も聞かず　龍田川　からくれなゐに　水くくるとは（17番在原業平朝臣）

ひ

久方の　光のどけき　春の日に　しづ心なく　花の散るらむ（33番紀友則）

人はいさ　心も知らず　古里は　花ぞ昔の　香ににほひける（35番紀貫之）

人もをし　人もうらめし　あぢきなく　世を思ふゆゑに　物思ふ身は（99番後鳥羽院）

き

君がため　春の野に出でて　若菜つむ　わが衣手に　雪はふりつつ（15番光孝天皇）

君がため　惜しからざりし　命さへ　長くもがなと　思ひけるかな（50番藤原義孝）

きりぎりす　鳴くや霜夜の　さむしろに　衣片敷き　ひとりかも寝む（91番後京極摂政前太政大臣（九条良経）

覚え方はこれまでと同じです。人物像と一緒に覚えると和歌への興味がさらに湧いてきます。61番の伊勢大輔は後に出てきます49番大中臣能宣の孫になります。中宮彰子に仕えていましたから56番和泉式部、57番紫式部、59番の赤染衛門と同じです。65番相模とも交流がありました。21番素性法師は12番僧正遍昭の息子です。63番道雅は道長との権力争いに敗れた悲劇の貴公子伊周の息子です。伊周の母は54番儀同三司母になります。伊周の弟隆家の家系からは後世まで続く水無瀬流が出ますが、伊周の家系は長く続きませんでした。42番元輔は62番清少納言の父親で、36番深養父の孫です。17番業平は16番の兄行平とともに平城天皇の孫です。平城天皇は薬子の変を招いています。藤原式家が没落し北家が勢力を伸ばすきっかけになりました。33番友則と35番貫之はいとこです。15番光孝天皇は藤原基経の後押しで五十五歳で天皇になりました。子どもの宇多天皇は一度臣籍降下しましたがやはり基経の後押しで天皇になりました。91番良経は頼朝、後鳥羽院の政争の狭間で失脚した兼実の息子です。

ここまで覚えれば、二十九首です。ほぼ三割覚えたことになります。全部正しく言えるか紙に何度も二十九首全て書いて試してみましょう。

四枚の組の句を覚える―はやよか―

次はその文字で始まる歌は四首しかないというものを覚えます。キーワードは「はやよか」です。四首は二文字目の五十音順に並べて覚えます。四枚の組の句を全て覚えてしまうと十六首加わりますから、ここまでで四十五首も覚えたことになります。百首の半分近くまで来ました。あとわずかです。

は　花さそふ　嵐の庭の　雪ならで　ふりゆくものは　我が身なりけり（96番入道前太政大臣（西園寺公経））

花の色は　移りにけりな　いたづらに　わが身世にふる　ながめせし間に（9番小野小町）

春過ぎて　夏来にけらし　白妙の　衣ほすてふ　天の香具山（2番持統天皇）
春の夜の　夢ばかりなる　手枕に　かひなく立たむ　名こそ惜しけれ（67番周防内侍）

や

八重むぐら　繁れる宿の　さびしきに　人こそ見えね　秋は来にけり（47番恵慶法師）
やすらはで　寝なましものを　小夜更けて　かたぶくまでの　月を見しかな（59番赤染衛門）
山川に　風のかけたる　しがらみは　流れもあへぬ　紅葉なりけり（32番春道列樹）
山里は　冬ぞ寂しさ　まさりける　人目も草も　かれぬと思へば（28番源宗于朝臣）

よ

世の中は　常にもがもな　渚漕ぐ　あまの小舟の　綱手かなしも（93番鎌倉右大臣（源実朝））
世の中よ　道こそなけれ　思ひ入る　山の奥にも　鹿ぞ鳴くなる（83番皇太后宮大夫俊成）
よもすがら　物思ふころは　明けやらぬ　閨のひまさへ　つれなかりけり（85番俊恵法師）
夜をこめて　鳥の空音は　はかるとも　よに逢坂の　関はゆるさじ（62番清少納言）

か

かくとだに　えやはいぶきの　さしも草　さしも知らじな　燃ゆる思ひを（51番藤原実方朝臣）
かささぎの　渡せる橋に　置く霜の　白きを見れば　夜ぞ更けにける（6番中納言家持）
風そよぐ　ならの小川の　夕暮は　みそぎぞ夏の　しるしなりける（98番従二位家隆）
風をいたみ　岩うつ波の　おのれのみ　くだけて物を　思ふころかな（48番源重之）

96番公経と9番小町の歌はそれぞれ権力者と佳人の老いを感じさせる歌です。公経は道長の叔父の公季の系統で閑院流と呼ばれる家系に入ります。81番実定も閑院流です。閑院流からは三条、西園寺、徳大寺各家が出ています。公経は99番後鳥羽上皇が承久の変で失脚後、91番良経の子で公経の婿である道家とともに親鎌倉幕府派の中心として権勢を欲しいままにしました。公経は定家の義理の弟でもあります。67番周防内侍は藤原顕輔や源経信ら当時の代表的歌人との交流が知られています。取り上げられた歌は83番俊成の祖父の忠家に当てたものです。47番恵慶法師の歌は昔の権力者であった14番源融の屋敷が荒れていることを詠んだものです。59番赤染衛門は歌人としても素晴らしい歌を残していますが夫婦仲も良く、息子の病平癒の祈願話などが知られており良妻賢母のイメージがあります。85番俊恵法師は男性ですが女性の気持ちを詠みました。93番実朝は正岡子規が最も評価した歌人として知られています。62番清少納言は枕草子で有名ですが、宮中で仕えた定子は権力争いに敗れ清少納言ともども悲哀を味わっています。51番実方は陸奥国で亡くなりました。6番家持は万葉第一の歌人と言われています。陸奥国で亡くなったという説もあります。かささぎの橋は天の川を意味します。

五枚の組の句を覚える―み―

「み」ではじまる歌しかありません。キーワードは「かかせちな」です。上の句の二文字目を並べたものです。

み　みかきもり　衛士のたく火の　夜は燃え　昼は消えつつ　ものをこそ思へ（49番大中臣能宣朝臣）

みかの原　わきて流るる　いづみ川　いつ見きとてか　恋しかるらむ（27番中納言兼輔）

見せばやな　雄島のあまの　袖だにも　濡れにぞ濡れし　色はかはらず（90番殷富門院大夫）

陸奥の　しのぶもぢずり　誰ゆゑに　乱れそめにし　われならなくに（14番河原左大臣（源融））

み吉野の　山の秋風　小夜ふけて　ふるさと寒く　衣うつなり（94番参議雅経）

27番兼輔は良門流で25番定方といとこになります。90番殷富門院大夫が仕えた殷富門院は後白河天皇の娘で、89番式子内親王の姉です。安徳天皇、後鳥羽天皇の准母になっていますが鎌倉時代初期の文芸サロンの主宰者でもありました。14番源融は嵯峨天皇の息子です。陽成天皇の皇位継承問題の時に名乗りを上げましたが基経に退けられました。94番藤原雅経は飛鳥井家の祖です。妻は大江広元の娘で鎌倉幕府からも認められた歌人で新古今和歌集の選者の一人です。

六枚の組の句を覚える—た、こ—

「た」と「こ」で始まる歌しかありません。「た」のキーワードは「かきごちまれ」、「こ」のキーワードは「ひこころのぬれ」です。いずれも上の句の二文字目です。

た　高砂の　尾上の桜　咲きにけり　外山の霞　立たずもあらなむ（73番権中納言匡房（大江匡房））

滝の音は　絶へて久しく　なりぬれど　名こそ流れて　なほ聞こえけれ（55番大納言公任）

田子の浦に　うち出でて見れば　白妙の　富士の高嶺に　雪は降りつつ（4番山部赤人）

立ち別れ　いなばの山の　峰に生ふる　まつとし聞かば　今帰り来む（16番中納言行平）
玉の緒よ　絶えなば絶えね　ながらへば　忍ぶることの　弱りもぞする（89番式子内親王）
誰をかも　知る人にせむ　高砂の　松も昔の　友ならなくに（34番藤原興風）
こ　恋すてふ　我が名は　まだき立ちにけり　人知れずこそ　思ひそめしか（41番壬生忠見）
心あてに　折らばや折らむ　初霜の　置きまどはせる　白菊の花（29番凡河内躬恒）
心にも　あらでうき世に　ながらへば　恋しかるべき　夜半の月かな（68番三条院）
このたびは　幣(ぬさ)もとりあへず　手向山　紅葉の錦　神のまにまに(24番菅家(菅原道真))
来ぬ人を　まつほの浦の　夕なぎに　焼くや藻塩の　身もこがれつつ（97番権中納言定家）
これやこの　行くも帰るも　別れては　知るも知らぬも　逢坂の関（10番蝉丸）

73番匡房は59番赤染衛門のひ孫です。55番公任は藤原忠平（26番貞信公）のひ孫になります。源経信と並んで和歌、漢詩、管弦に秀でた三舟の人として知られています。29番凡河内躬恒は古今集の編纂に関わりました。68番三条天皇は目の病気を患っていたということですので、その感情がよくわかる歌です。24番道真は天満宮、太宰府、飛梅といった言葉と友に日本人ならみんな知っている有名人です。97番定家の子が為家、為家の子の時に二条、京極、冷泉と別れます。定家の流れの二条家はいわゆる御子左家です。摂関家の二条家とは別です。二条家（御子左家）と京極家が鎌倉時代、室町初期の歌道の主流派争いをしますがともに断絶し現在まで続くのは冷泉家のみとなりました。10番蝉丸は謎の人で実在したかどうか定かではありません。琵琶の名手として伝わっています。
ここまで覚えれば六十二首です。およそ三分の二を覚えたことになります。口でここまで覚えた歌をそらんじて言えるようになれば、百首踏破はもうすぐそこです。

七枚の組の句を覚える―お、わ―

「お」と「わ」で始まる歌しかありません。「お」のキーワードは「くぐともふほほ」、「わ」のキーワードは「ががすすたたび」です。いずれも上の句の二文字目を並べた言葉です。

お　奥山に　紅葉踏み分け　鳴く鹿の　声聞く時ぞ　秋は悲しき（5番猿丸大夫）
小倉山　峰のもみぢ葉　心あらば　今ひとたびの　みゆき待たなむ（26番貞信公〈藤原忠平〉）
音に聞く　高師の浜の　あだ波は　かけじや袖の　ぬれもこそすれ（72番祐子内親王家紀伊）
思ひわび　さても命は　あるものを　憂きに堪へぬは　涙なりけり（82番道因法師）
逢ふことの　絶えてしなくは　なかなかに　人をも身をも　恨みざらまし（44番中納言朝忠）
おほけなく　うき世の民に　おほふかな　わがたつ杣に　墨染の袖（95番前大僧正慈円）
大江山　いく野の道の　遠ければ　まだふみもみず　天の橋立（60番小式部内侍）
わ　わが庵は　都のたつみ　しかぞ住む　世をうぢ山と　人はいふなり（8番喜撰法師）
わが袖は　潮干に見えぬ　沖の石の　人こそ知らね　乾く間もなし（92番二条院讃岐）
忘らるる　身をば思はず　誓ひてし　人の命の　惜しくもあるかな（38番右近）

忘れじの　行末までは　かたければ　今日を限りの　命ともがな（54番儀同三司母）
わたの原　漕ぎ出でて見れば　ひさかたの　雲居にまがふ　沖つ白波（76番法性寺入道前関白太政大臣（藤原忠通））
わたの原　八十島かけて　漕ぎ出でぬと　人には告げよ　海人（あま）の釣舟（11番参議篁）
わびぬれば　今はたおなじ　難波なる　みをつくしても　逢はむとぞ思ふ（20番元良親王）

5番猿丸大夫は蝉丸同様に実在した人物かどうか定かではありません。26番忠平は基経の息子で道真の政敵であった時平の弟になります。ただ忠平は道真と仲が良かったと言われていま す。72番紀伊の歌は堀川院艶書（けそうぶみ）合という機会に83番俊成の父親の俊忠との間でやりとりされたものです。82番道因法師は歌に対してとても執着した人という評判が伝わっていま す。44番朝忠は25番定方の子どもです。あふことのと「あ」で始まりますが、声に出して読むときは「おうことの」になりますので「お」に分類します。95番慈円は76番忠通の子どもです。91番良経は甥になります。60番小式部内侍は56番和泉式部の娘で若くして亡くなることがなければ歌壇を背負っていただろうとも言われています。小式部内侍の歌は64番の藤原定頼から丹後にいる母親の和泉式部にいつも歌を作ってもらっているのではとからかわれた時に即興で作った返しの歌として有名です。

8番喜撰法師は六歌仙の一人ですがどんな人だったか実はよくわかっていません。92番二条院讃岐は後白河天皇の子である以仁王とともに平氏打倒に立ち上がり宇治平等院の戦いで敗れた源頼政の娘です。38番右近は43番敦忠、44番朝忠、20番元良親王らと恋愛関係にあったといわれています。歌合の記録もありますが、恋愛相手の生没年を考えますと年の差恋愛と言いますか一体何歳と何歳の恋愛だったのだろうと興味が湧きます。54番儀同三司母は63番道雅の祖母で、夫は藤原道隆です。一条天皇を巡った道隆の娘定子と道長の娘の彰子の争いは道隆の死により道長組の勝利に終わります。定子には62番清少納言、彰子には56番和泉式部、57番紫式部、59番赤染衛門、61番伊勢大輔、65番相模らが仕えました。権力闘争のあおりで清少納言の晩年は不遇だったと言われています。

76番忠通は弟頼長との間の権力争いが保元の乱の一因になりました。頼長は悪左府と呼ばれた才子で著作として「台記」を残しています。忠通の四男基実は近衛家の祖で、基実のひ孫の時に鷹司家が別れています。忠通の六男の兼実は九条家、一条家、二条家の祖で日記「玉葉」を残しました。兼実の子が良経、良経の子が道家、道家の子の時に二条、一条が別れます。近衛、九条、二条、一条、鷹司が五摂家です。11番小野篁の歌は一時隠岐に流されていた時に詠んだ歌です。篁は漢詩の名手でもありましたが地獄に出入りしていたというような伝説でも有名です。20番元良親王は陽成天皇の子でしたが退位後の子どもでしたので皇位は継承できませんでした。天皇の女御（京極御息所）との禁断の恋を詠んだ歌で、63番道雅の歌と同様に切なさが伝わります。

ここまで覚えれば、七十六首です。四分の三達成したことになります。残りはあとわずかです。

八枚の組の句を覚える―な―

「な」で始まる歌しかありません。キーワードは「ががげげつににに」です。いずれも上の句の二文字目を並べた言葉です。

な　長からむ　心も知らず　黒髪の　乱れて今朝は　物をこそ思へ（80番待賢門院堀河）

長らへば　またこのごろや　しのばれむ　憂しと見し世ぞ　今は恋しき（84番藤原清輔朝臣）

嘆きつつ　ひとり寝る夜の　明くる間は　いかに久しき　ものとかは知る（53番右大将道綱母）

嘆けとて　月やは物を　思はする　かこち顔なる　わが涙かな（86番西行法師）

夏の夜は　まだ宵ながら　明けぬるを　雲のいづくに　月宿るらむ（36番清原深養父）

名にし負はば　逢坂山の　さねかづら　人に知られで　くるよしもがな（25番三条右大臣（藤原定方）

難波江の　蘆のかりねの　ひとよゆゑ　みをつくしてや　恋ひわたるべき（88番皇嘉門院別当）

難波潟　短き蘆の　ふしの間も　逢はでこのよを　過ぐしてよとや（19番伊勢）

80番待賢門院堀河が仕えた待賢門院は藤原璋子のことです。璋子は鳥羽天皇の中宮で、崇徳天皇、後白河天皇の生母です。しかし、白河法皇の養女であったことから鳥羽天皇は崇徳天皇を自分の子でなく白河法皇の子ではないと疑っており、崇徳天皇のことを叔父子と呼んでいたと言われています。璋子は閑院流公実の娘です。鳥羽天皇の寵愛はやがて年の若い藤原得子に移ります。得子は近衛天皇の生母で後の美福門院です。鳥羽天皇は白河法皇の存命中に崇徳天皇に譲位しましたが、今度は自分が上皇として崇徳天皇から近衛天皇に譲位をさせたわけです。このとき璋子はまだ生存していましたが近衛天皇在位中に亡くなります。近衛天皇は病弱で若くして亡くなり、その後継者になったのが後白河天皇です。崇徳上皇の子に皇位が来る流れが切れたことにより鳥羽上皇の死後すぐ崇徳上皇側と後白河天皇側の間に対立が生じ、保元の乱へと入っていきます。結果は崇徳上皇側が敗れ崇徳上皇は讃岐に流されそこで亡くなります。後に朝廷に凶事が続いた時崇徳上皇怨霊説が出ました。先に述べた76番忠通は後白河天皇側、弟の頼長は崇徳上皇派であったわけです。得子は養子にしていた後白河天皇の第一皇子を二条天皇にし二条親政派を形成します。後白河天皇は上皇となり院政派が形成されます。保元の乱後に政治的手腕を発揮したのは鳥羽上皇の側近でもあり後白河天皇を養育していた藤原南家出身の信西です。信西は荘園公領制の確立など政治的に優れた手腕を持っていました。しかし早急に物事を動かそうとすると反感を買います。自分の実子を要職に就ければなおさらです。反信西派が形成され起こった乱が平治の乱です。反信西派は二条親政派と院政派の寄り合い所帯みたいなものでしたが、親政派がうまく立ち回り、院政派は敗者となっていきます。平氏一門も清盛により勝者となり、源氏が敗退します。頼朝も捕らえられましたが池禅尼の嘆願で助命されたのはよく知られています。得子は平治の乱の勝利を見て亡くなります。二条天皇親政派が勢力を伸ばし、後白河上皇は政治的に隠遁したような形になります。しかし、歴史は不思議と言いますか二条天皇は亡くなり、清盛と手を組んだ後白河上皇が政治の表舞台に戻ります。

53番右大将道綱母は道隆、道長の父である兼家を夫にしています。道綱は政治争いの狭間で失脚することなく生きました。86番西行法師はもとは鳥羽上皇の北面武士でした。北面武士とは上皇の警備に当たる武士のことです。待賢門院あるいは美福門院に失恋をしたという話があります。「願わくは花の下にて春死なんその如月の望月のころ」という歌がよく知られています。25番定方は44番朝忠の父親で27番兼輔とは従兄弟です。88番皇嘉門院別当が仕えた皇嘉門院は崇徳天皇の中宮です。皇嘉門院の父親は76番忠通です。

19番伊勢は九世紀から十世紀にかけての歌人で、女性の中でもっとも多くその歌が勅撰集に収録されています。伊勢の生涯は一つの小説になるかのようで藤原一門の兄弟との恋愛話、宇多天皇やその皇子敦慶親王との恋愛が知られています。敦慶親王との間に生まれたのが中務です。中務もまた歌人で、源高明との恋愛が知られています。20番元良親王とも交流があったようです。源高明は源氏物語の主人公光源氏のモデルとも言われています。他に、14番源融、藤原道長などがモデルとして取りざたされています。

十六枚の組の句を覚える—あ—

「あ」で始まる歌しかありません。キーワードは「ひききけささしままらりりはは」です。いずれも上の句の二文字目を並べた言葉です。最初の「ひ」は発音する時は「い」になります。最後の二つの「は」は発音すれば「わ」になります。

あ　逢ひ見ての　後の心に　くらぶれば　昔は物を　思はざりけり（43番権中納言敦忠）

秋の田の　かりほの庵の　とまをあらみ　わがころもでは　露に濡れつつ（1番天智天皇）

秋風に　たなびく雲の　絶え間より　もれ出づる月の　影のさやけさ（79番左京大夫顕輔）

明けぬれば　暮るるものとは　知りながら　なほ恨めしき　朝ぼらけかな（52番藤原道信朝臣）

浅茅生の　小野の篠原　忍ぶれど　あまりてなどか　人の恋しき（39番参議等）

朝ぼらけ　有明の月と　見るまでに　吉野の里に　降れる白雪（31番坂上是則）

朝ぼらけ　宇治の川霧　たえだえに　あらはれわたる　瀬々の網代木（64番権中納言定頼）

あしびきの　山鳥の尾の　しだり尾の　ながながし夜を　ひとりかも寝む（3番柿本人麿）

天つ風　雲の通ひ路　吹きとぢよ　をとめの姿　しばしとどめむ（12番僧正遍昭）

天の原　ふりさけ見れば　春日なる　三笠の山に　出でし月かも（7番阿倍仲麿）

あらざらむ　この世のほかの　思ひ出に　いまひとたびの　逢ふこともがな（56番和泉式部）

嵐吹く　三室の山の　もみぢ葉は　龍田の川の　錦なりけり（69番能因法師）
有明の　つれなく見えし　別れより　暁ばかり　憂きものはなし（30番壬生忠岑）
有馬山　猪名の笹原　風吹けば　いでそよ人を　忘れやはする（58番大弐三位）
淡路島　かよふ千鳥の　鳴く声に　幾夜寝覚めぬ　須磨の関守（78番源兼昌）
あはれとも　言ふべき人は　思ほえで　身のいたづらに　なりぬべきかな（45番謙徳公（藤原伊尹））

43番敦忠は藤原時平の子どもで、26番貞信公の甥です。時平は菅原道真と政治的に対立していました。時平も敦忠も四十歳を前にして亡くなっています。43番の歌は後朝の歌ですが女性に対する心境が良く表れていると思います。52番道信は50番義孝と同様に天然痘で二十三歳で亡くなったとされています。39番源等は嵯峨天皇の曾孫です。31番坂上是則は蹴鞠の名手として知られています。64番定頼は55番公任の子どもです。60番小式部内侍がやっつけた相手です。12番遍昭は俗名良岑宗貞です。7番阿倍仲麿は遣唐使の一員として中国に渡りました。帰国を試みますが果たせず中国の地で亡くなります。

56番和泉式部は60番小式部内侍の母親であることは触れました。和泉式部は恋愛遍歴が多彩で夫がありながら冷泉天皇の子である親王たちと身分違いの恋愛をし、離婚します。親からは勘当を受けたようです。親王の一人は正妻と離婚します。親王達はいずれも若く亡くなり、和泉式部は再婚します。若い時の素行は当時でも非難の的だったようで紫式部日記では「けしからぬ方」

と書かれています。晩年は初婚相手の間に生まれた小式部内侍に先立たれるなど不運が襲います。しかし歌は情熱的で、鴨長明は赤染衛門と対比して和泉式部に軍配を上げています。スキャンダラスな行動とともに各地にはいろいろな和泉式部伝説が残っています。

69番能因法師は俗名橘永愷で東北の白河の関のことを詠んだ歌がありますが、東北を旅したように見せるため家に籠もっていたという逸話が残っています。30番壬生忠岑は41番壬生忠見の父親です。58番大弐三位は57番紫式部の娘です。道長の甥の兼隆と一時結婚し、自身も従三位典侍に進むなど栄達をした感があります。

宝塚歌劇団の初期の芸名は百人一首に由来していたことは良く知られていますが、78番兼昌の歌は4番山部赤人、18番藤原敏行と並んで最も多く使用されています。45番伊尹は道長の伯父で50番義孝の父親です。光源氏のモデルの一人とされる源高明を失脚させ、権力を握りますが病に倒れます。当時はともに村上天皇の子である冷泉天皇と円融天皇の間に派閥が生じていましたが、伊尹の死後は冷泉系に属していた伊尹一族の権力が弱まり、円融系一条天皇と冷泉系三条天皇の外祖父になった兼家（伊尹の弟）に権力が移ります。兼家の子もまた熾烈な権力争いをしますが、道長が最終的に勝ち残り円融天皇の子である一条天皇を囲んだ女流文芸サロンが最盛期を迎えるわけです。一条天皇の後継は三条天皇でしたが道長と折り合いが悪く、以後は円融系の天皇となりました。

いかがでしたでしょうか。百首を一度覚え、そのあと折に触れ諳んじることを何度も行いますと、日がたってもそれほど忘れなくなります。忘れかけた時はまた文字に戻って再度記憶にとどめるようにすると良いと思います。作者名や番号もついでに覚えてみようという気になればしめたものです。作者や歌の背景、さらには和歌の技法などにも興味を覚えれば百人一首のエキスパートになって行く路が開けます。聖地巡礼ではありませんが、名所を訪ねる旅もまた楽しいものになると思います。

和歌の名手について語るときは六歌仙のほかに三十六歌仙を取り上げることもあります。三十六歌仙は55番公任が人選しました。百人一首に取り上げられていない人も居ますが、いずれの人の歌も一度は目にしてみると良いと思います。

柿本人麿、山部赤人、大伴家持、猿丸大夫、在原業平、小野小町、僧正遍昭、藤原敏行、藤原興風、凡河内躬恒、坂上是則、藤原兼輔、源宗于、伊勢、紀貫之、紀友則、壬生忠岑、素性法師、藤原敦忠、源公忠、藤原清正、大中臣頼基、壬生忠見、源高明、藤原朝忠、藤原元真、源順、中務、斎宮女御、平兼盛、清原元輔、大中臣能宣、藤原仲文、藤原高光、小大君、源重之が三十六歌仙です。

巻末に百人一首に関係した天皇家、藤原氏の家系図をまとめました。算用数字は百人一首の歌番号、漢数字は天皇の歴代を示します。破線は三代以上に亘る場合を示します。

第二部　西洋の哲学、心理学

第一章　古代ギリシアの哲学

脳の位置づけ

古代ギリシアと言いますか、西洋においては比較的早い時代から脳というものが意識されていたようです。たとえば、ヒポクラテス（BC460頃－BC370頃）の書に「われわれの快楽感、喜び、笑い、戯談も、苦痛感、不快感、悲哀感、号泣も、ひとしく脳から発するということを、人々は知らねばならない。また、脳によってわれわれは思考し、見、聞き、美醜、善悪、快不快を、習俗に則って鑑別したり効用によって感じ分けたりすることによって、識別するのである。（小川政恭訳、岩波文庫「古い医術について」のうち「神聖病について」より）という記載がありま す。またプラトン（BC427頃－BC347頃）が著したティマイオスには「魂は頭と胸と腹にあり、頭には知性、胸には勇気と気概、腹には欲求の魂の部分が存在する」とあります（プラトン「ティマイオス／クリティアス」岸見一郎訳、白澤社）。

このように、ヒポクラテス、プラトンはこころの生み出される場として脳を意識していたことが伺われます。ただ、みんながそうであったかというと、アリストテレスなどはこころの所在は心臓に求めたようですので、「こころの場としての脳」は統一的見解ではなかったようです。

他方、東洋、日本では五臓六腑という考え方がありますが、この五臓六腑に脳は入っていません。つまり、こころの場として脳を考慮するのはずっと後になってからになります。一説には、日本では蘭学が入って来てからという考えがあるようです。ただ、解剖の歴史は日本に存在しなかったということはなく、雄略天皇の三年に行われたという記載が日本書紀にあるようです（日本医学史研究余話、服部敏良著、科学書院）。しかし大宝律令の発布時に解剖の禁止が出され、以来江戸時代まで途絶えたということのようです。大宝律令の原文は残っていませんので、禁止の事情や背景は不明です。

哲学の発生

哲学がいつ発生したかということは実は答えるのが大変難しい問いです。不思議なことに、どの文明においても神話的思考、つまり物ごとの道理を神々の営みに帰着させる呪術的な時代が終わると哲学的思考が芽生えます。人間の営みを人間の考えで説明しようとしました。まず、「もののの原理や道理は何なのだろう」という問いが始まります。具体的には宇宙のことや生命（魂）のことなどがテーマとなり、根本的なものあるいは絶対的なものは何なのか、実体とは何なのかという存在論的思考が生まれました。さらに実体を突き止めようとする探究心は認識論的思考を生み出しました。

つまり言い換えますと、哲学の始まりは文明とともに自ずと発生するであろうということです。

エジプト文明、黄河文明、インダス文明、メソポタミア文明などそれぞれの文明に哲学が発生したであろうと考えられるわけです。ただ一般的に哲学と言いますとその始まりとして何となくギリシア哲学を思い浮かべるようになっています。それは多くの口承なり記録が残っているからだと思います。

伊藤邦武さんの「物語哲学の歴史」（中公新書）によれば、青銅器文化が紀元前一〇〇〇年頃から鉄器文化に移行するにつれ、都市文化の規模が大きくなり、神々を主体とする擬人的な物語から、より理性的な原理や人間の本性をもとにした理解へと徐々に変化していき、それが哲学の誕生と発展へと繋がったとあります。人間や生命の根本的な原理、すなわち「魂」という考え方が文明横断的に見られるようになったとも書かれています。

オックスフォード哲学辞典改訂第二版（Simon Blackburn著、Oxford University Press）の年表によりますと、最初の哲学的活動としてインドのヴェーダ時代のことが記載されています。紀元前千五百年頃としています。

ヴェーダ時代はインド・アーリア人が起こしたとされています。ヴェーダは知識という意味ですが、バラモン教の聖典としても知られています。バラモン教は紀元前十三世紀頃起こったのではないかと考えられています。インドではその後支配階級を中心としたバラモン教の古典的思想に対抗して新規自由思想である沙門（サマナ）が起こり、ヴェーダ、バラモン教への批判的継承としてジャイナ教、仏教が生じます。残りのバラモン教は現代のヒンドゥー教へと変遷していきます。沙門は修行を特徴としますので、ジャイナ教や仏教もその流れを引いています。

ヴェーダはいくつかにその考えを分けることができるとされています。その中で哲学的要素が強いものはウパニシャッドとして知られています。ヴェーダは言葉とともに語られましたが、古代のヴェーダ語はその後サンスクリット語として確立していきます。ただサンスクリット語は残念ながら今は死語となっています。

バラモン教やジャイナ教などインド哲学の思想にはその後の哲学や宗教の原型が多く認められます。魂と体を分け、命がある一つの実体と命が無い五個の実体を考えました。命の実体は魂としていますが、体の中に入る魂とフリーな状態の魂というように二種類の魂を考えています。体に入った場合は業（カルマ）と関わるようになり輪廻や解脱ということが対象となってきます。魂と体を分ける心身二元論的な考えはエジプト文明においても認められています。

また、宇宙については始まりもなければ終わりもないとしています。真理や本質についてはダルマという概念を生み出しています。ダルマは法とも訳されますが、仏教の「法」にも繋がっていく概念になります。

オックスフォード哲学辞典では次いで紀元前七世紀から六世紀にかけてザラスシュトラのことを哲学的活動として記載しています。ザラスシュトラは古代ペルシアの人でゾロアスター教の始祖とされている人物です。その生没年については議論があり紀元前十三世紀頃から紀元前六世紀頃というように幅を持って語られています。

ゾロアスター教の教典としてアヴェスターが知られています。アヴェスターは善悪二元論が特徴とされています。ゾロアスター教は世界最古の一神教とも言われますが最古であるかどうか一神教であるかどうかについてそれぞれ異説もあります。いずれにせよ最高神はアフラ・マズダーです。また終末論を特徴としているとも言われています。ただ終末論についてはユダヤ教や仏教の末法思想などにも認めることができますので、そのルーツはさらに遡ることができるかと思います。古代ペルシアではその他ゾロアスター教への批判的継承としてマニ教なども起こりました。

アヴェスターはイラン・アーリア人と深く関わりがあります。共通のインド＝イラン人を想定し、インドの流れではヴェーダにつながり、イランあるいは古代ペルシアの流れではアヴェスターにつながったという考えもあります。インド・アーリア人とイラン・アーリア人は言語学的に親戚関係にあります。比較言語学では言語を語族、語派、語群の順に細分しますが、ともにインド・ヨーロッパ語族、インド・イラン語派に属します。先に挙げましたゾロアスター教もそのルーツをインド＝イラン人におけるミスラ（ミトラ）信仰に求める説もあります。インド＝イラン人は複数の神を信仰していたようですが、ザラスシュトラがアフラ・マズダーを絶対化したとも言われています。ミスラ信仰は時代を下ると仏教の流れでは弥勒菩薩に繋がります。ミスラ信仰、ゾロアスター教の流れはまたユダヤ教、キリスト教、古代ギリシアにおけるオルフェウス教、古代ローマにおけるミトラ教などにも影響したと言われています。

オックスフォード哲学辞典の年表では続いてアナクシマンドロス、タレス、老子、ピタゴラス、釈迦、孔子の記載が見られます。老子や孔子は春秋戦国時代（紀元前八世紀頃から紀元前三世紀頃）の人ですが、哲学的思想はもっと古くから存在したとも考えられています。陰陽思想、道教的思想は殷（商）あるいはその実在について議論がありますす夏王朝まで遡ることができるのではないかという説もあります。ただ中国に限らずどの地域もそうですが、哲学的活動と言いましても宗教や神話と混淆したような状態ではなかったかという指摘もあります。

古代ギリシア

古代ペルシアの哲学は周辺に起こったメソポタミア文明、エジプト文明、フェニキア文明などの文明や思想とともにギリシア哲学の成立に影響したと考えられています。

メソポタミア文明の初期はシュメール人とともに語ることができます。紀元前数千年前には文明としてあったようです。シュメール人が使った言葉をシュメール語と言いますが、実はシュメール語は今の言語大系には入らない特殊な言葉と言われています。どの語族にも入らないということです。

メソポタミアではその後ペルシア湾周辺でバビロニア、今のトルコ共和国あたりにヒッタイト、両者の間に挟まれた感じでアッシリアという国が形成されます。バビロニアとアッシリアの言葉はアフロ・アジア語族に属するセム語派と考えられていますが、ヒッタイト語はインド・ヨーロッパ語族に属します。ギリシア語は語族で言いますとインド・ヨーロッパ語族に属します。

ヒッタイトはエジプトと抗争関係にあったと考えられています。エジプト語はセム語派に属します。この拮抗状態は突然紀元前一二〇〇年前後の短い間に消滅します。今でも正体がよくわからない「海の民」がやってきてヒッタイトを滅ぼし、エジプトを弱体化させました。

海の民の影響はギリシアにも及びました。古代ギリシアあたりではエーゲ文明が存在しました。エーゲ文明とはトロイア文明、ミノア文明、ミケーネ文明のことです。まず紀元前二六〇〇年頃から今ではトルコ共和国領ですがトロイア文明が栄え、紀元前二〇〇〇年頃からクレタ島を中心にミノア文明が栄えました。やがて、古代ギリシア語を話すアカイエ人がミノア文明を滅ぼし、ミケーネ文明を築きます。このミケーネ文明が海の民により崩壊しました。その後古代ギリシアはその後紀元前八世紀まで「暗黒時代」と呼ばれる記録に表れない時代を迎えます。

紀元前一二〇〇年の混乱の後に東地中海沿岸を中心に活躍するのが、フェニキア人、ヘブライ人です。いずれもセム語派系です。フェニキア文字は今のギリシア文字の原形になったと言われています。フェニキアは地中海を舞台に海上交通で栄えたことが知られています。ヘブライ人はダビデ、ソロモンで有名ですがヘブライ王国（イスラエル王国）を築きました。ヘブライ人の民族としての宗教がユダヤ教です。ユダヤ教はヤハウェを戴く一神教ですが、その思想的な成立はモーゼの十戒で知られる紀元前十三世紀頃、さらには紀元前二十一、二十世紀頃のアブラハムの時代まで遡ることができるのではないかとも言われています。アブラハムは旧約聖書に登場する預言者ですが、ユダヤ教のみならずキリスト教、イスラム教の祖とされています。

今のトルコ共和国の東部では紀元前一二〇〇年の混乱の後アッシリアが栄え、中西部ではフリギアが紀元前九世紀頃栄えました。フリギアはギリシア神話にも登場する国です。フリギア語はインド・ヨーロッパ語族に属します。紀元前七世紀頃になりますとリュディアが建国されています。

その頃ギリシアでは紀元前八世紀頃からポリス、つまり都市国家が成立し始めます。都市国家建設は今のトルコ共和国沿岸部にも及びます。イオニア、アイオリスが良い例です。これらを含めて古代ギリシアと呼びます。古代オリンピックは今のペロポネソス半島にあるエーリス地方のオリンピアで始まっています。記録が残る中では紀元前七七六年が最初です。

古代ギリシアの人口増は相当だったようで、イタリア方面、さらにはスペイン、フランスなどの地中海沿岸にまでギリシアの植民都市が築かれました。紀元前六、五世紀頃には相当な広さに渡りました。イタリアは特に第二のギリシア国家状態となりました。これをマグナ・グレキアと呼びます。

つまり古代ギリシアは実は相当繁栄した状態にあったことがわかります。このような状況の中、哲学の芽が生じるわけです。なお、古代ギリシアでは市民はいくつかの階級に分かれていましたが、構成員は男子のみでした。女性、奴隷は市民ではありません。哲学もその議論の場には市民、つまり男子しか居なかったことは注意を要します。

ソクラテス以前の人々

最初の哲学者と言われるタレス（ＢＣ６２４頃－ＢＣ５４６頃）はイオニア（現トルコ共和国の地中海に面した辺りです）の人です。万物の根源（アルケー）は水と考えました。天文学にも通じており、数学者としてはタレスの定理を残しています。イオニアでは交易が盛んでした。哲学の始まりは実学的な問いから発生したとも言えます。ものの原理や道理にそれぞれの国の神々のことが入っていたのでは客観的な考察はできません。根源は何かということは実は実学的な問いでもありました。ただ、アルケーが水という発想には、バビロニア神話にある真水の神と海水の神による世界創世の話の影響があるのではないかと指摘されています。

ちなみにアルケーという言葉は同時期のアナクシマンドロス（ＢＣ６１０頃－ＢＣ５４６）が最初に言いだしたようです。アナクシマンドロスも最初の哲学者とされています。ミトレス地方の人でした。天球儀を作ったとも言われています。アナクシマンドロスはアルケーとはト・アペイロン（無限定なもの）だと考えました。混沌（カオス）から物ごとが生じるという意味かと思いますが、陰陽思想における太極などの考えに似た印象があります。

ヘラクレイトスは紀元前六世紀から五世紀にかけての人ですが（ＢＣ５４０頃－ＢＣ４８０頃）、イオニアの近く、エペソスで生まれたようです。万物の根源は火と考えました。ヘラクレイトスについてはプラトン（ＢＣ４２７頃－ＢＣ３４７頃）が「ヘラクレイトスは万物は絶えず流転すると言った」という言葉を残しています。(本当に言ったかどうか真偽は分かりませんが)。余談になりますが、ヘラクレイトスの言葉は仏教の諸行無常、インド哲学の輪廻転生、鴨長明の方丈記の書き出し「行く川の流れは絶えずして、しかももとの水にあらず。淀みに浮かぶうたかたは、かつ消えかつ結びて、久しくとどまりたるためしなし。世の中にある人とすみかと、またかくのごとし」を連想させます。

アルケーが火や水であるという考え方は一元論的です。アナクシマンドロスの考えた元素のようなものはその後原子論に向かったと思われますが、主流にはならず、アルケーはエンペドクレス(BC490頃-BC430頃)の四大元素説に集約されます(火、水、土、空気)。ちなみに空気を言い出したのはアナクシメネス(BC585頃-BC528頃)です。ヒポクラテスは四大元素を参考にしたのでしょうか四体液説を唱えます。このような今から見れば誤りもありましたが、ヒポクラテスは医の倫理を初め現代でも通じる重要な医学的基本概念を残しています。ヒポクラテスが医聖と言われる所以です。

四大元素説と似た考えに五行説があります。中国の思想ですがこちらは陰陽家の鄒衍(BC305頃-BC240頃)がまとめたとされています。木、火、土、金、水で考えます。五行説は陰陽説と交わり、陰陽五行説として広まります。陰陽五行説の起源は古代メソポタミア文明の初期を形成したシュメール文化にあるという説もあります。メソポタミア文明はエジプト文明やインダス文明と交流があったという説もありますので、中国にも伝わってきた可能性はあります。

シュメール人は六十進法を使っていたこと、メソポタミアの書物には五芒星が見られるということで、六十干支に結び付けたりする考えもあります。いずれにせよ、陰陽と言いますか物事をエレメントに分ける考え方はどの文明であれ初期の共通項目のようです。特に物事を二つに分けるという考え方は、肉体とこころというように哲学の普遍的テーマにもなっていきました。複数のエレメントに分ける考え方は生成（生物や宇宙）議論の発展に寄与しました。

アナクサゴラス（BC500頃－BC428頃）という人がいます。この人も業績は多々ありますが注目されているのは、アテネに哲学を持ち込んだということです。当時地中海に面したトルコ共和国の一部は古代ギリシア圏でありました。しかしギリシア本国のアテネそのものに自然哲学はまだなかったようです。アナクサゴラスのもう一つの功績は、感覚よりも理性で考えることが大事ということを主張し、スペルマタという最小構成単位を考えたことです。原子論的な考えです。

アルケーやエレメントの考え方のなかで、ユニークすぎたと言いますか、あまりにも時代を先取りしすぎたと言いますか、デモクリトス（BC460頃－BC370頃）の原子（アトム）論は当時あった唯物的思考の究極ではないかと思います。これ以上細かくできないというのが原子で、原子から世の中は成り立っていると、いまでも通用するような考え方を提唱しました。原子は無数ということになります。おもしろいことにデモクリトスはこの世界は不変不滅の原子と空虚からなると考えていたようです。空虚は老子（生没年不詳、紀元前六世紀頃か）の無、無用の用、あるいは仏教で言う空のような考えに近いものがあるかもしれません。ただ、デモクリトスの考えにはプラトンは否定的だったようで、ひとこともデモクリトスについて言及はなく、デモクリトスの本は燃やしたという説があります。なお原子と空虚論ですが、デモクリトスの師であるレオキッポス（生没年不詳、BC４４０頃活躍か）にその創始があると最近は考えるようです。

さて空虚は非存在という考えにつながります。原子は存在ということになりますから有りなしで言いますと有りです。有から無は生まれない、無から有も生まれないという、不生不滅・原子論の考え方はパルメニデス（BC５００頃－没年不明）にも源流を求めることができるようです。ヘラクレイトスの流転の考え方は有↓無↓有という生成の考え方になりますから相容れないことになります。古代ギリシア哲学では生成と存在という大きなテーマがありましたが、ヘラクレイトスの考えは生成を優位に置く考えです。パルメニデスは生成を認めない存在を重視した考えです。また、パルメニデスとヘラクレイトスの対比から理性と感覚的なものは違うという議論が始まります。言い換えますと、パルメニデスは論理的に考える、つまり合理主義の祖とも言われています。またパルメニデスによれば存在するものは一で分割不可能です。変化するように感じるのは感覚がなせる誤謬としたわけです。よって彼は一元論者の代表者のようにも言われます。また、理性を感覚の上位に置くことになりますから、存在、その中でも絶対的存在は何かということがテーマになってきます。このあたりは、プラトンのイデア論にもつながっていったのではないでしょうか。絶対的存在を議論することは存在論として以後西洋哲学の主流となります。また、感覚については認識とはなにかということを議論することになります。認識論も西洋哲学の主流を形成することになりました。よって、パルメニデスはギリシア哲学の分水嶺とも言われます。

ちなみに、パルメニデスの弟子がゼノン（ＢＣ４９０頃－ＢＣ４３０頃）です（エレア派の方のゼノンです。もう一人ストア派のゼノンが居ますが別人です）。ゼノンのパラドックスで有名です。アキレスと亀はその代表です。プラトンの「パルメニデス」にはソクラテスとパルメニデス、ゼノンの問答が収録されています。アリストテレスによればゼノンは弁証法の祖とされています。

以上のような古代ギリシアでの哲学の流れは自然哲学としてとらえられています。デモクリトスの原子論は唯物論としてもとらえることもできます。ただデモクリトスの原子論は主流には到りませんでした。その背景に何があったかについて定説はありませんが、よく言われているのはアテネではプラトン、アリストテレスの流れが主流だったことが原因だろうというものです。アリストテレスは四大元素を想定しており、無数の原子を想定するデモクリトスとは論が違っていました。原子論はその後沈黙を続け、自然科学の発展とともに近世に復活します。

さて、ヘラクレイトスの流転の考え方は輪廻転生に通じても良さそうなのですが、ギリシアの哲学は輪廻転生を考えていないようです。この辺りは東洋とずいぶん違います。ただギリシアの地に輪廻転生的思想がなかったかというとそうでなく、オルフェウス教というのがありました。オルペウス教ともよばれます。先に書きましたようにゾロアスター教の影響を受けているとも言われています。経典と言いますか教義を書いた書物があったようです。オルフェウスの書いたとされる詩に基づいて、霊魂不滅、輪廻転生を信じ、生前の行いによって死後の扱いが決まるということで密議を行っていたようです。オルフェウスはホメロス（紀元前八世紀頃）よりも前に生きたとされる伝説の人です。ギリシア哲学は死後の世界は考えないようですが、オルフェウス教は死後の世界を想定していたようです。ちなみに、死後の世界と輪廻転生は一緒のように思えますが一緒でないようです。なぜかといいますと輪廻転生は基本的に生まれ変わりの考えですから、死後の世界はないと言うことになります。ですから仏教では本当は死後の世界はないということになります。ただ、日本では死後の世界を想定する道教の影響もあり、仏教も死後の世界を想定した考え方になっています。

霊魂不滅も死後の世界の考え方と結びつける場合もありますが、そうでない場合もあるようです。例えばキリスト教では死んでも復活して生きたままの状態で天国もしくは地獄に行くという考え方です（余談ですが、火あぶりにするということは生を止めることになります。中世の魔女狩りの時に火あぶりが採用されたのは魔女の生命を止めるためというのも理由の一つです）。キリスト教のように「生きている」という考え方は霊魂不滅、輪廻転生と結びつきやすい考え方と思います。あえて死後の世界を考えたのはオルフェウス教の特徴だったのかもしれません。ちなみに古代日本の神道では死後の世界が想定されています。黄泉の国です。

ピタゴラス（ＢＣ５７０頃－ＢＣ４７０頃）は輪廻転生を唱えていたようで、それはオルフェウス教に接したからだと言われています。ピタゴラス教団の教祖でもありました。五芒星が教団マークだったようです。オルフェウス教、ピタゴラス教と言いなにやら秘密結社のようですが当時も宗教結社があったということです。なお、ピタゴラスたちはアルケーを数としてとらえていました。

ソクラテス

ソクラテスの有名な言葉に無知の知があります。汝自身を知れという言葉もあります。いずれも対象は自分という人間です。自然哲学が自然に向かったのに対して人間に向かった哲学です。人間哲学にはソクラテスの少し前にプロタゴラス（BC490頃-BC420頃）が「人間は万物の尺度である」と著したようにソフィストも貢献しています。ただソフィストの考えは人間を相対的にとらえたのに対し、ソクラテスは人間の真理は何かと考えたところが違うとされています。ソフィストとは紀元前五世紀から紀元前四世紀にかけてギリシアで活躍した弁論家たちのことで、授業料を取って教えた教育家たちでもありました。プロタゴラスはその代表の一人です。人間は万物の尺度であるという言葉が表す意味は、感覚は人によって違うのだから絶対的な真理などは存在しないということだと解釈されています。この懐疑論的考えは後のヘレニズム時代の懐疑派につながったとされています。ただソフィスト全般について言いますと論に走りすぎ修辞を多用したことで後にソフィストとは詭弁家集団であるという評価になっていきます。

関連しまして、ソクラテスがなぜ西洋哲学の礎を築いたかと言いますと、無知の知のように、知るとはどういうことか、知らないとはどういうことかを明らかにしたからです。知ったかぶりを排除したことで西洋哲学が花を開いて行くようになった訳です。

ソクラテスの哲学は主知主義という言葉で表されるように知性、理性で論理的に考え知を導く哲学です。後世の主意主義は意識の働きを重視しましたが主知主義では意識の働きは重んじません。この時代いろんなテーマが議論されましたが生命医学に関しては「プシュケー」をテーマに論じられています。プシュケーの意味そのものは息ということです。日本語に訳すと、命とかこころとか魂とか訳されたりします。日本語の感覚としては命、こころ、魂はちょっとずつ異なったニュアンスがありますが、逆にとらえますとギリシアではそれらをひっくるめて総合的に考えていたのではないかと解釈できます。ただ語源的には「息」は「生きる」につながりますからその意味するところあるいは意味したいところは西も東も差がないことは分かります。ソクラテスによればプシュケーは主知主義の座としても重要でした。

プシュケーがいつから哲学の主役に躍り出るようになったのかは分かりませんが、言葉としては古くからあったようです。ギリシア神話のエロスの妻の名がプシュケーです。プシュケーを論じる上で一つ重要なことはプシュケーは目に見えないということです。アルケーの考え方は、原子論は別にして、基本は目に見える物で語っています。

プシュケーに似た言葉にプネウマがあります。呼吸や息吹という意味です。大気や空気あるいは風という意味でも使われるようです。プシュケーはこころ、soul であり、プネウマは魂、spritという考えもあるようですが、日本語に翻訳する場合魂とこころは特段の区別なく使用されているケースも多いように思います。ただギリシア哲学においては、プシュケーが生命の原理としますとプネウマは存在の原理という概念になり、物的な要素が含まれるようになります。プネウマが体内に入り込んで生命力を与えるとされました。精気に近い概念になります。その後もプネウマの概念は変遷を続け、キリスト教が広まりますとプネウマは霊という概念でとらえられるようになります。

アリストテレスは後述しますように生命力、精気を階層化し動物のプシュケー、植物のプシュケー、理性のプシュケーというように三種類に分けました。いずれにせよギリシアの時代は基本的には二元論です。霊（魂）と肉体です。

ちなみに、アリストテレスは横隔膜は胃の不純物から心臓を守るのに重要と考えました。たとえば統合失調症という言葉がありますが、英語では schizophrenia です。phrenia とは横隔膜のことです。つまり、統合失調症は横隔膜が分離している病気と考えられていました。

プラトン

ソクラテスの人間哲学、主知主義はプラトン、アリストテレス（ＢＣ３８４－ＢＣ３２２）に受け継がれていきます。プラトンは師のソクラテスの死後、対話集をまとめ、また旅に出ます。旅は計十二年にも渡ります。ピタゴラス派、つまりアルケーを数ととらえるグループとの交流がありました。数は目に見えません。これがイデア論の形成に影響したのではないかと言われています。霊魂不滅を考え、絶対的な物としてイデアを想定します。本当に存在（実在）するのはイデアという訳ですので、肉体は感覚を実行する箱のような物になります。もちろんイデアは目に見えませんが、イデアは絶対であり、完全であり、本質でした。プラトンによれば、イデアはプシュケーと密接に関係します。イデア、プシュケーは肉体と関係ない存在になります。つまりプシュケーはイデアの世界にあることになります。

プラトンはもともとレスラーであったようです。プラトンの名前自体もリングネームであったようです。またプラトニックラブという言葉がありますが、もとは男性の同性愛、少年愛からきています。当時の体育場というのはそういう要素も持った会場でありました。

アリストテレス

アリストテレスは言うまでもなく知の巨人です。アリストテレスが著した「形而上学」や「論理学」がアリストテレスの偉大さを如実に示しています。英語で形而上学は metaphysics ですが日本語訳の形而上学は易経に出てくる形而上という言葉に由来しています。形を越えたものという意味です。形としてとらえられないということです。つまり形而上学とは、感覚的な経験ではとらえることができないものを探求する学問のことです。アリストテレスが第一哲学と呼んだ中に形而上学が含まれるわけですが、存在者が存在者として存在するための超越的な根拠を探求しました。つまり第一哲学では存在論がその中核をなします。経験や感覚を越えた不動の物が想定されたわけです。この不動の物は実体として存在し、理性により不動の物を認識しようとしました。

アリストテレスが名付けた第二哲学では様々な形で自然学が論じられています。感覚（触覚、視覚、聴覚、味覚、嗅覚）についても論じられています。第二哲学は生理学の走りとも言えます。

アリストテレスとプラトンの違いですが、プラトンのイデアは現実に存在する物の外に存在するものであるのに対し、アリストテレスが考えるイデアは現実に存在するものの内にあるとした点です。アリストテレスは内なるイデア的なものを形相（エイドス）と質料（ヒュレー）という言葉で説明します。形相とは形あるものであり、質料とはその素材に当たる物です。壁や柱が質料ならば、出来上がった家が形相です。つまり形相と質料は常にセットで存在します。しかし、アリストテレスは質料の無い形相も想定しこれを純粋形相と呼びました。純粋形相の最上位にあるものを不動の動者、神と呼びました。この神の概念はイスラム哲学に伝わり、さらにイスラム圏との交流で中世ヨーロッパに伝わりトマス・アクィナスらに影響します。

哲学上、存在論・形而上学と並ぶ重要なものに認識論があります。正しい認識とは何かということを論じる学問です。認識がどうやって成り立つか、つまり認識の起源について経験によるとしたものが経験論で生得的に備わった理性によるとしたものが合理論です。

存在論であれ認識論であれ物質的なものよりも精神的なものを重要視するのが唯心論あるいは観念論であり、逆に物質的な物を重要視するのが唯物論という分け方になります。たとえば、プラトンが論じるイデアは実在はするけれども物資的な物でなく観念的な物ですから、その考えは観念論となります。つまり、形而上学的実体から物が生み出されるとする考え方が観念論であるとも言えます。反対に物質から精神とか観念的な物が生み出されるとする考え方が唯物論であるとも言えます。

アリストテレスはプシュケー（魂）についても論じています。あらゆる生物にはプシュケーが有るとしました。逆に言えば無生物にはプシュケーはありません。つまり生命とプシュケーはつながっているわけです。アリストテレスにおけるプシュケーとプラトンにおけるプシュケーの違いは肉体と切り離して考えているか考えていないかです。アリストテレスの場合は肉体と切り離せないもので、肉体の中にあるとしたわけです。

アリストテレスによれば植物のプシュケー（魂）は栄養を司り、動物は植物のプシュケーと動物のプシュケーを持つとされました。動物のプシュケーは感覚と運動を司ります（ちなみにこの時代はまだ感覚と知覚の区別は付いていません）。しかし、動物には思考がないと考えました。これに対し、人間には人間のプシュケーがあり、思考ができると考えました。プシュケーを階層的にとらえる考えもおもしろいですが、認知という点でも参考になる考えです。認知科学の夜明けでしょうか。

動物と人間の対比から感覚の上位に思考があるということになります。このアリストテレスの考え方は経験論的な考えによる認識論として位置づけられるようになっていきます。後世この認識論に真っ向から対立したのがデカルトです。

アリストテレスが考える人間のプシュケーは中庸とともに論じられます。四書五経で言う過不足なく偏りもなく調和が取れているという意味での中庸で無く、meanという意味での中庸です。バランスが大事という考え方は現代でも通じるところがあります。

人間のプシュケーは先に述べた不動の物を理性により認識しようとする時に大事となります。

さて、アリストテレスの功績は論理学にあります。三段論法による演繹の体系を構築したのもアリストテレスです。その後一八七九年にフレーゲ（１８４８－１９２５）が概念記法を著すまで論理学はアリストテレス時代のままでした。フレーゲの功績はアリストテレスの論理学が克服できなかった多重量化の問題を記号化という手法で乗り越えたことです。多重量化というのは量化つまり量の指定が多重に行われた場合です。太郎や花子という代わりに、誰かが誰かにと言うように定量化されていない量の指定が複数入るような命題ではアリストテレスの論理学は脆弱でした。それは、量化を自然言語で扱っていたからです。フレーゲは自然言語で無く記号を使ったわけです。フレーゲはアリストテレス以来の論理学者という名誉を獲得しました。

プラトン、アリストテレスの時代、宇宙は有限ととらえられていたようです。絶対なものは不変で普遍ですので、太陽になぞらえることができます。有限の空間では絶対的な物は中心に位置します。中心から外れるとそれは絶対ではありません。プラトンのイデア論は太陽を中心に置く考え方にもつながって行ったようです。地動説とまでは至りませんが、その兆しはあったかもしれません。アリストテレスは地球を中心に据えました。明確な天動説です。アリストテレスにとって絶対的な物は地球であり、自分であったのかも知れません。この時期明確に地動説を唱えた人にアリスタルコス（BC310頃－BC230頃）がいますが、主役になることはなく地動説が復活するのはコペルニクス（1473－1543）まで待たねばなりません。

プラトンとアリストテレスの対比ですが、プラトンは理想を語り、アリストテレスは現実を見たとも言われています。理想主義者、現実主義者というように区分されることもよくあります。プラトン的考えとアリストテレス的考えはその後も大きな影響を及ぼしあいます。伊藤邦武さんによれば、ヘレニズム時代や初期ローマ時代は「自然科学的世界観としてのアリストテレスの継承」と「哲学的思想としてのプラトンの重視」、やがて「アリストテレス的思想による科学と哲学の一元化」ということになるようです。時代を下り十字軍などによりイスラム世界からアリストテレスの哲学がある意味逆輸入されたことがアリストテレス優位になるきっかけになったかと思います。

なお、古代ギリシアでは哲学は男性、市民というキーワードで絞り込まれる人たちの物でした。つまり限られた人たちの中での議論だったわけです。この傾向は近代まで続き、女性が哲学を仕事にするのは二十世紀まで待たねばなりません。

第二章 ヘレニズム、ローマ時代の哲学

ヘレニズム時代の哲学者たち

ヘレニズム、初期ローマ時代ですが自然科学ではアルキメデス（BC287頃－BC212頃）、ガレノス（129頃－200頃）、プトレマイオス（83頃－168頃）が出ました。プトレマイオスは天動説で有名です。哲学の流れではエピクロス派、ストア派、懐疑派などが起こりました。エピクロス（BC341－BC270）は精神的な快を追求したことで知られています。つまりエピクロス派は快、幸福を目的としています。方やストア派はゼノンが創始者ですが、徳を目的としました。つまりストア派にとって快や幸福は結果ということになります。ストイックという言葉はストア派から来ています。エピクロス派は快楽主義、ストア派は禁欲主義とも言えます。ちなみにエピクロスはデモクリトスの原子論の考えを批判的に継承していますので唯物論です。

懐疑派の考えはエピクロス派、ストア派の考えの対立概念として出てきたととらえることができます。懐疑派はエピクロス派、ストア派の考えを自分たちの勝手な教条に基づいたもの、つまり独断論だとして批判しました。余談ですが、後世カントは、理性を批判もせず信奉している人を独断論者と呼びました。

懐疑派の祖はピュロン（BC360頃－BC270頃）とされています。ピュロンの弟子ティモン（BC320頃－BC230頃）がさらに懐疑主義を継承しました。ピュロンはアレキサンダー大王に従ってインドまで旅したと言われています。当時のインドの哲学、思想に触れたことが懐疑主義の考えに結びついたとも言われています。プロタゴラスの考えを継承した形で主観は人それぞれであるから真理は追究できないとしました。諸行無常、つまりどの人も一つとして同じで無いというところかと思います。また、こころの平穏にはエポケー、つまり判断保留が良いとしました。ピュロン、ティモンの考えはプラトンが創設したアカデメイアを中心に継承されたようですが、ストア派との論争の中で不可知主義的な考えが強くなったようです。不可知主義とは、経験したことの無いものについて真理を議論することはできないというような考えです。その中でアイネシデモス（BC1世紀頃）がピュロンの考えを復興したと言われています。懐疑派の考え方はその後セクストス（二世紀から三世紀頃）が「ピュロン主義哲学の概要」を著したことで後世に伝わります。出版ブームに乗じて十六世紀から十八世紀によく読まれ、デカルト以降の哲学に影響を及ぼしました。

ガレノスは生命の根源は生気（いわばプシュケー）ととらえました。解剖学について広い範囲の書物を残しています。脳の中には動物精気があり、運動、知覚を司る。心臓には生命精気があり、肝臓には自然精気があって栄養に関係するとしました。ヒポクラテスを紹介したことでも有名です。アリストテレスの自然科学、ヒポクラテスやガレノスの医学はキリスト教が中心になったローマの時代では顧みられず、イスラム世界に学問は流れていきます。イブン・シーナ（980－1038）はイスラム哲学、イスラム医学を体系化しました。その後イブン・ルシッド（アヴェロエス、1126－1198）は集大成した医学書を著しました。

プロティノス

キリスト教がローマ帝国の国教になったのは三九二年です。異教信仰が禁止されました。プロティノス（205頃－270頃）はそれよりも前の人ですがキリスト教の教義に大変影響しています。プロティノスの考えた哲学は後世十九世紀に新プラトン主義という名称で呼ばれ始めます。見えないものである理性、魂、見える形の肉体、物質には生成関係があり、さらに究極の物として「一なるもの」を想定します。一なるものも理性も魂もプラトン的にはイデアになりますが、順位が付きました。しかも上位から下位が生成されるという考えです。これを流出説と呼びます。なにやらパルメニデスとヘラクレイトスを合わせたような考えのような気もします。

プロティノスの考えた一なるものは理性や魂と違い存在しません。無存在です。一なるものはプラトンも「パルメニデス」で著しています。存在は一なるとしました。しかし、プロティノスの一なるものは存在するものでなく存在を生み出すものです。つまり一なるものが全てを生み出すことになります。プラトンの二元論を一元論にしたところやイデアに階層性を付けたところが「新」と付く所以と思います。プロティノスの考えは神、特に一神教を肯定するには都合が良いものです。また新プラトン主義では「一なるもの、精神、霊魂」という三位一体の考えを取りますがキリスト教における三位一体論つまり「父なる神、子なる神、聖霊」に影響したと言われています。

プロティノスの考えは神秘主義でもあります。神秘主義とは絶対者の存在や行為を自分の内に触れあいとして感じ取るという考えです。魂という言葉がキーワードになります。プロティノスの神秘主義により、万物の根源はアルケーから神に移りました。ある意味ギリシア哲学の終焉で、中世の夜明けということになります。プロティノスの考えはアウグスティヌス（354－430）に影響し、スコラ哲学、キリスト教教義に結びついていきます。もちろんイスラム圏にも伝わりました。また階層的に生成を考えることは時間という概念に結びつきます。遺稿集であるエンネアデスには「永遠と時間について」という記載もあります。一九世紀に入りベルクソン（1859－1941）はプロティノスから影響を受けた哲学を提唱します。

プロティノスはペルシア、インドの思想に相当な関心を持っていたといわれています。実際には果たせませんでしたが、インド行きをめざしたとも言われています。仏教哲学の大家である龍樹（2世紀頃）に会いたかったのではないかという説もありますが定かではありません。

アウグスティヌス

アウグスティヌスは西方教会最大の教父と言われています。神学者としてキリスト教の論理的な基盤を築き上げたからです。つまり神の存在について批判出来ないような論理体系を作り上げたわけです。アウグスティヌスがアフリカ人で元マニ教徒であった話も有名ですが、マニ教では善悪二元論です。善悪二元論のままですと神は悪も作ったことになります。これでは困りますので、本来神は善を期待したが人間が良いことをしなかったため善が欠けることになり悪が生じてしまったという論理にしたわけです。思想は無償で共有されるべきだと説いたとされていますが、これも神の全能性を保証するための考えでした。つまりアウグスティヌスは新プラトン主義の論理を応用し、善悪二元論を克服しただけで無く、キリスト教における神の絶対性を確保したわけです。ちなみに、身体の作用は神↓魂による作用であるとしました。なおマニ教の二元論の考えですが、現代ではヘレニズム時代に流行した善悪二元論や霊肉二元論、宇宙を悪なるものと見なす反宇宙論を広くグノーシス主義という言葉に含めて議論しています。

アウグスティヌスは人間の自由意志についても述べています。ただ、アウグスティヌスの言う自由意志の範囲と言いますか内容については現代でも議論が続いています。全面的な自由意志であるとする説と限定的な自由意志であるとする説があります。後者の場合は、人間は原罪を背負っているのであるから最後は神によって救われるという様な解釈になります。老子の「無為にして化す」のように人間は無智、無能であるが故に、最後は神の救いが必要であると説明する説もあります。さらに、善悪のうちの悪は人間の自由意志によるものであるから、神は悪に対しては責任は持たないというように解釈する場合もあります。後にスピノザは神が全て決めているからその範囲において人間は自由であるとしました。

ヘルメス主義とグノーシス主義

ヘレニズム時代はまだキリスト教が主流となっておらず、ローマ帝国も成立していない時代です。この時期アレクサンドロス大王（BC356－BC323）の東方遠征により古代オリエント世界の文化とギリシア文化が融合しました。全容が伝わっていないため現代では過小評価されがちですが、当時の思想体系として重要なものにヘルメス主義とグノーシス主義があります。ともにキリスト教など後世の宗教や思想に影響を与えました。

ヘルメス主義はヘルメス文書にもとづく思想です。ヘルメス文書は紀元前三世紀頃から紀元後三世紀ころまでの思想を集めてエジプトで編纂されたといわれています。もともとはヘルメス・トリスメギストスの啓示に由来するといわれていますが、詳細は不明です。ヘルメス・トリスメギストスをモーゼと同時代の人とする説もあります。ヘルメス・トリスメギストスという意味は神話に出てくるヘルメスより三倍偉大というものです。ヘルメス・トリスメギストスの実体は歴史的に登場するヘルメスという実在の人物に帰着させるよりも、作り上げられた人格、神格と考えた方が良いかもしれません。仮に実在したとしても「老子」を著した老子のように複数の存在ではなかったかと思われます。ヘルメス文書の実際の著者についてはエジプトの神官や祭司たちではないかと考えられています（『ヘルメス文書』荒井献＋柴田有訳、朝日出版社）。

ヘルメス文書の全容は不明ですが、哲学、思想に関わる部分の他、占星術、錬金術、魔術についても記載があります。東ローマ帝国ではヘルメス選集がその後編纂されましたが、西ヨーロッパに伝わるのはルネサンス期になります。コジモ・デ・メディチ（1389－1464）の意向でマルシリオ・フィチーノ（1433－1499）がギリシア語からラテン語に翻訳してから広まりました。ちなみにフィチーノはプラトン全集の翻訳も行っています。

ヘルメス主義は神秘的な考えが特徴的です。プロティノスに代表される新プラトン主義やグノーシス主義の影響も見られます。ただグノーシス主義とは異なり反宇宙論的思想は認められません。

二元論を基調とし錬金術や魔術を説くヘルメス主義あるいは流出説を基調とし神秘を説く新プラトン主義の思想はコペルニクス（1473－1543）、ケプラー（1571－1630）、ニュートン（1642－1727）、ライプニッツ（1646－1716）、シェークスピア（1564－1616）、ゲーテ（1749－1832）、レンブラント（1606－1669）らに影響したと言われています。

グノーシス主義はそもそもは人々の救済を目的とする思想ですが、先にも触れましたように反宇宙論的二元論を特徴としています。一世紀頃から三世紀頃にかけて地中海沿岸を中心に勢力を伸ばしたといわれています。反宇宙論とは、当初は善の宇宙があったけれども、智慧の神ソフィアが悪の神を作り出してしまい、今は悪の神つまり偽りの神に支配される世の中になってしまっているという思想です。世界の成立についてはプロティノスの一なるものの思想の影響があるともいわれています。悪の神は自らが唯一の神であるとして振る舞ったということで、たとえばユダヤ教のヤハウェは邪悪な神として位置づけられます。

グノーシス主義は西方グノーシス主義と東方グノーシス主義に分けることができます。東方グノーシス主義はゾロアスター教などの影響も見られます。マニ教は東方グノーシス主義に属する思想です。西方グノーシス主義は創造神を否定するということでキリスト教の隆盛とともに異端として排斥されますが、東方グノーシス主義ではマンダ教のように現代でも残っているものがあります。マンダ教は預言者についてアブラハム（ＢＣ21、22世紀頃）、モーゼ（ＢＣ13世紀頃）、イエス（ＢＣ4頃－30頃）、ムハンマド（５７０頃－６３２）に対して批判的です。

第三章　中世の哲学

普遍論争

中世ヨーロッパにおける主要な哲学をスコラ哲学と呼びます。教会や修道院に附属した学校で哲学の研究がされたことに由来します。理性と信仰が主なテーマでした。スコラ哲学における有名な論争に「普遍論争」があります。この普遍論争は二つの意味で後世に重大な影響を与えました。一つはアリストテレス的哲学思考の再発見です。イスラム圏からのアリストテレスの哲学が再流入したことで普遍論争が盛んになりました。アリストテレス哲学の再流入を機にヨーロッパではそれまでのプラトン的哲学からアリストテレス的哲学に移行していきます。もう一つは、普遍戦争は近世の夜明けともとらえられることです。

なぜアリストテレスの哲学が論争を引き起こしたのかと言いますと、アリストテレスの著したカテゴリー論に関する疑問からです。アリストテレスは形而上学（第一哲学）のなかのカテゴリー論でカテゴリーを十個に分類しました。簡単に言いますと述語で著される物をカテゴリーとしたのです。十個のカテゴリーの中の一つである実体を上位にとらえ、第一実体と第二実体に分けました。述語になり得ないものが第一実体です。例えば「和田さんは人である」という文の名詞（和田さん）を第一実体（個物）、述語である人を第二実体（普遍）としました。「人は和田さんである」という文は変ですし、「和田さん」は述語になり得ないことが分かります。では普遍（この場合は人）は実在するのか、という疑問です。実在すると考えるのが実在論です。そうではなく、概念であるとするのが唯名論です。人という言葉を神に置き換えるとわかりやすいでしょう。

神が実在した方が都合がよい立場に立つと実在論は魅力的です。父（なる神）、子（たるキリスト）、聖霊が三位一体であるとする立場から強く指示されました。ちなみにプラトンのイデアは普遍として実在するというのがプラトンの考えです。アリストテレス哲学の再流入以前のキリスト教にとってプラトン的哲学が重要と考えられた理由の一つはここにあります。第六章で実存哲学のことに触れますが、本質存在、現実存在の用語を用いるならばプラトンは本質存在つまり実在論の立場であり、アリストテレスは現実存在つまり唯名論の立場だということになります。

なお、リアリズムという言葉がありますが、哲学の世界では普遍論争における実在論のことを指しますし、プラトンのイデア論のことを指します。

普遍に関する論争は六世紀頃から起こり、当初はアウグスティヌス、新プラトン主義の影響もあり実在論が有力でした。ただ唯名論も力を付けてきます。論争としては十一、十二世紀頃にもっとも盛んだったようです。十三世紀に入りますとトマス・アクィナス（1225頃―1274）が実在論の立場から唯名論との融和を図りました。トマス・アクィナスはドミニコ会に属する神学者ですが、アリストテレス哲学を大きく取り入れ、キリスト教神学と統合した体系を構築しました。

中世のキリスト教社会では神の存在と目の前にある人間社会の現実性に対してどう折り合いを付けるかが課題であったと思います。アウグスティヌスは神の理性により世界が形成されるとし、神の摂理つまり永久法の概念を導入しました。人間についても神が人間に理性を与え人間の営みの秩序が形成されるという自然法の概念を構築しています。トマス・アクィナスは永久法の中に自然法を組み入れ、さらに自然法の中に現実の人間社会を動かす法として実定法（人定法）を設定しました。また永久法とは別に聖書によって啓示されたものを神定法としました。法の体系を階層化したわけですが、人間の理性では神を完全には知り得ないとし、信仰により死後に神の認識ができるとしました。トマス・アクィナスはスコラ学の代表例です。

トマス・アクィナスは主知主義、つまり知性が意志よりも先行する考えですが、これに対し意志が知性に先行すると考えたのがスコトゥス（1266頃－1308）です。スコトゥスも実在論者でしたが普遍的な存在は個物にあるとしました。実在論の立場にあっても大きな転換になったわけです。スコトゥスはフランチェスコ会に属していましたので、ドミニコ会とフランチェスコ会の争い的なものも主張が異なった背景としてあったものと思われます。

主意主義は主知主義に対して意識、意志の働きをより重視します。アウグスティヌスも主意主義の立場を取っていましたが、特にスコトゥスの考えは神よりも意志を重要視する考えにつながりました。普遍論争における論争自体はオッカムのウィリアム（1285頃－1347頃）によって唯名論がほぼ勝利を収めます。名辞を音声、文字、概念の三種類に分け、「もの」との関わりの論考から概念が上位に来ることを示しました。言い換えますと、論理的に実在論では不都合が生じることを示しました。これにより個物が実在であり、普遍はこころ、認識が生み出したものであるということが定着していきます。個が実在であるということは、個をより重要なものと考えることにつながります。近世の夜明けとされるのはその理由によります。

オッカムのウィリアム

オッカムのウィリアムはオッカムの剃刀という言葉とともに有名です。オッカムの剃刀は、事象を説明するのに多数の仮定はない方が良いということを表す言葉です。思考に不必要な物を削ぎ落としていったということで剃刀という言葉が使われています。自然現象を説明するのに形而上学的な要素を排除していきました。たとえば「神」という言葉を外して自然現象を説明したわけです。つまりオッカムのウィリアムは科学的な思考の先駆者でもあるわけです。オッカムのウィリアムの思想、思考は今でいう記号学や集合論の考えも入っていました。オッカムのウィリアムは清貧論争の際も活躍しますが、その主張は記号論理学の側面を見る気がします。

清貧論争とはフランチェスコ会が所有する物を巡って教皇側と対立した事件です。教皇側はフランチェスコ会に所有権の立証を求めてきたわけです。教皇側は私有財産を認める立場で、フランチェスコ会は財産とは人類みんなで共有する物でたまたまフランチェスコ会が使用しているに過ぎないという論です。オッカムのウィリアムは財産の使用は自然法上の権利であることを示し、教皇側の考えを論駁しました。オッカムのウィリアムの論はルターらによる宗教改革に影響していきます。

オッカムのウィリアムは「大論理学」を著し、アリストテレスの論理学を批判的に継承しました。オッカムのウィリアムは近世認識論の祖ともされています。形而上学の二大スターである存在論と認識論は、オッカムのウィリアム以降、デカルトの出現などもあり認識論が主流となります。存在論の復権は十九世紀になるまで待つことになります。認識論では経験説と生得説が論争としてあります。イデアを想定するプラトンは、イデアの特性上そうなりますが生得説です。アリストテレスはいわば経験説になります。

第四章　近世の哲学

ルネサンス

近世の幕開けについてはルネサンスと誰しもが思うところです。塩野七生さんの著書「ルネサンスとは何であったのか」（新潮文庫）によれば幕開けの重要な人物として聖フランチェスコ（1182－1226）とフリードリヒ2世（1194－1250）が取り上げられています。聖フランチェスコは清貧に生きた人で、フランチェスコ会を興します。スコトゥス、オッカムのウィリアムは先に触れたようにフランチェスコ会の人です。フリードリヒ2世はイスラム圏からギリシア、ローマに関する多数の書物を持ち帰り、サロンを形成しました。ナポリ大学を創設しました。トマス・アクィナスはナポリ大学の出身です。フリードリヒ2世は人体解剖も自らの興味でおこなったようです。この流れを受け、十三世紀後半ボローニャ大学でおよそ千年の時を経て人体解剖が再開されます。

一二九一年十字軍が終結します。イスラム圏に対しては敗北で終わります。しかし、ローマ、ギリシア時代の書物が多数流入し、また、ローマ、ギリシア時代を含め過去の文化を学ぼうとする気運が起こります。知りたいという欲求です。ルネサンスの始まりです。ヨーロッパでは一三四八年、一三四九年にペストが大流行しますが復興します。ルネサンスは絵画、彫刻などの芸術だけでなく、建築、さらには科学にも影響を及ぼしました。当時イスラム圏では中国との交流から中国での四大発明（羅針盤、火薬、紙、印刷）が既に伝わっており、高い文化レベルを誇っていました。哲学、論理学、天文学、数学、幾何学、医学、化学、物理学（光学）など先端のイスラム科学がルネサンス期にヨーロッパに流入します。その後のヨーロッパの発展はめざましく十五～十七世紀の大航海時代、十七世紀の科学革命、十八世紀の産業革命、十九世紀の帝国主義、植民地政策と続きます。高い文化を誇ったイスラム、中国は大航海時代に乗り遅れるなど後塵を拝することになります。モンゴル帝国の建国などがありましたが科学の主座はルネサンス以降はヨーロッパとなりました。

塩野七生さんによれば、イタリアルネサンスはフィレンチェ↓ローマ↓ベネチアと舞台を移したようです。イタリアでルネサンスが始まった理由はローマ法王庁のお膝元であったこと、都市国家が実現していたこと、通商等を通して経済が発展していたことが原因のようです。まずフィレンチェであったのはフィレンチェ人が批判精神旺盛で何事にもどん欲であったことが理由のようです。一四三四年コシモ・デ・メディチが実権を握り、一四九二年に孫のロレンツォ・ド・メディチが亡くなるまでがフィレンチェ、さらにはメディチ家の全盛期でした。他方、出版業、言論の自由が特にベネチアにあったこともイタリアでルネサンスが起こった大きな要因のようです。ルネサンスの担い手としてはレオナルド・ダ・ビンチ（１４５２－１５１９）、ミケランジェロ（１４７５－１５６４）、ラファエロ（１４８３－１５２０）が有名です。レオナルド・ダ・ビンチはフランスで亡くなりますが、晩年ローマに居たことがあります。ミケランジェロ、ラファエロも同時期にローマに居ました。

ルネサンスの時期、宗教ではルター（１４８３－１５４６）が免罪符政策に反対し、宗教改革を行いました（一五一七年）。免罪符政策はローマ法王庁による一種のビジネスで、導入したのはロレンツォ・ド・メディチの次男のレオーネ十世です。宗教改革の真意は神と人間の直接対話です。聖職者階級を否定するものでした。塩野七生さんによればルネサンスと宗教改革は連動しないようです。ただ反宗教改革がルネサンスを終焉に向かわせたとあります。反宗教改革は対抗宗教改革と最近は呼びますが（宗教改革よりも前からその活動があったため）、カトリック内部の改革運動ととらえられます。ルネサンス終焉に関してはまず一五二七年スペイン王（神聖ローマ帝国皇帝）によるローマ略奪がありました。その後は一五四五年から一五六三年にかけてのトリエント公会議が有名です。カトリックの教義が再認識されました。また宗教裁判所が設置され異端の取り締まりが強化されました。海外布教にも力が入れられ、イエズス会が設立されています。フランシスコ・ザビエルが日本に来たのが一五四八年です。

カルヴァン（１５０９－１５６４）はルターと並ぶ宗教改革の指導者です。ルターは善行でなく信仰にのみ義を求めましたが、カルヴァンは人が救われるか救われないかはあらかじめ神により決定されているとしました。予定説と呼びます。通常、決まっているのであるならば放蕩堕落な生活に陥るかと思いますが当時はそうではなく、人々は禁欲的で勤勉な生活の方に向かいました。救われたいという気持ちがそうさせたと解釈されています。マックス・ヴェーバー（1864－1920）はカルヴァンの教えが資本主義の扉を開いたと分析しています。各国に呼び名こそ違えカルヴァン主義が拡がることになりました。イングランドではカルヴァン主義者はピューリタンと呼ばれました。初期にアメリカに移住した人々の多くがカルヴァン主義者でした。カルヴァンの教えがアメリカ建国に繋がったとも言えます。なお、ルターもカルヴァンも人文主義者であるエラスムス（1466－1536）の影響を強く受けたことが知られています。人文主義は後に触れます。エラスムスは政治家、人文主義者で「ユートピア」を著したトマス・モア（1478－1535）との親交が有名です。

ちなみにこのような宗教改革、反宗教改革にも関わらず魔女狩りは行われていました。魔女狩りは十五世紀頃から本格的となり、十六、十七世紀が最盛期でした。民衆の不安心理から始まり、そこに国家や教会（むしろ権力者と言った方が良いかもしれません）が関係するようになります。カトリック、プロテスタントともに行いました。魔女の存在が信じられていたわけですが、十七世紀末ころから収まっていきます。収まっていった理由については諸説ありますが何となく収まっていったというのが実情のようです。自然科学の発達が要因の一つとも言われていますが定説にはなっていません。魔女であるかどうかは裁判で決められたわけですが、裁く側の魔女観が変化してきたことも要因ではないかといわれています。また社会全体として魔女の存在は信じても、世の中の出来事の責任を魔女に帰するのでなく個人に求めるようになったことも終焉に寄与したとみる方が良さそうです。絶対王政による中央集権化など権力者と民衆の間に見られる社会構造変化も関与があると思われます。

科学革命

コペルニクス（１４７３－１５４３）は地動説を唱えました。ケプラー（１５７１－１６３０）は楕円軌道に基づくケプラーの法則を示しました。ガリレオ（１５６４－１６４２）は地動説を確たるものにしました。ガリレオは物理学でも振り子の等時性や自由落下の法則などを見いだしたという逸話があります。この逸話は後世の修飾と考えられますが、いずれにせよこの時期に天動説を主体とするアリストテレスの体系が打ち破られることになったわけです。コペルニクス、ケプラー、ガリレオ、ニュートンらによる功績は十七世紀科学革命として知られています。

ニュートン（１６４２－１７２７）は神学、哲学でも多数の著書を残していますが有名なのは万有引力の法則です。天体の運行が説明されました。宇宙は無限であるという考えが主流になっていきます。ニュートンは因果関係を重視し、観察と論理による実証主義を根付かせることになりました。ただニュートンは錬金術の実験も多くしたそうで今で言う怪しい人だったかもしれません。またニュートンは微積分の発明は誰が先かについてライプニッツ（１６４６－１７１６）と裁判で争い、光の分散・干渉ではフック（１６３５－１７０３）と争いました。

ちなみに、実証主義ではフランシス・ベーコン（1561‐1626）が帰納法を明確にし、近代合理主義の道を開拓したとして有名です。フックは弾性に関してフックの法則を著し、また顕微鏡を作製し細胞を初めて観察しました。医学ではレオナルド・ダ・ビンチが解剖を行ったことは知られています。ハーベイ（1578‐1657）は血液循環説を唱えました。

ケプラーはプロテスタントですが、コペルニクスもガリレオもカトリックです。その意味で科学の近代化と宗教改革は一対一では結びつきません。また、反宗教改革はバロックという芸術様式を生み出しました。カトリックが芸術的にだめだったということでもありません。ケプラーの母が魔女裁判にかけられ無罪を勝ち取ったことはよく知られています。なおケプラーですが知覚に関して小人理論を出しました。頭の中に小人が居てその小人が感じ取っているというものです。この理論の欠点は、じゃ、小人の頭の中にはまた小人がと、際限なく続くところです。

人間のための哲学

さて哲学に戻ります。スコラ哲学は人間を中心に据えた学問（ヒューマニズム、人文主義）の台頭により下火となります。人文主義者が徹底的に批判をしたからだと言われています。人文主義者とはルネサンスにおいてギリシア、ローマの文化に触れあらためて神や人間の「本質」とはなにかを考えた人たちのことです。ペトラルカ（1304‐1374）はその創始者とされています。ローマ時代のキケロ（BC106‐BC43）を再発見しました。キケロの著作は人文主義的教養の必読書として代々読まれることになります。モンテーニュー（1533－1592）は「エセー」を著しますが、モラリスト文学の基礎を築きました。人間観察と省察の世界です。啓蒙主義にもつながっていきます。

啓蒙主義とは人間が持つ理性を尊重していこうという考えです。啓蒙思想とも呼ばれます。神の思し召しでなく、人間自ら切り開いていこうという考えです。狭義には十八世紀のフランスでの活動を指しますが、広義には十七、十八世紀を中心にしたヨーロッパでの運動を指します。後述しますロック、ホッブス、ルソーなどが代表者です。ルネサンスや宗教改革の流れを受け中世の思想から脱却することに貢献しました。

モンテーニューはまた「エセー」の中のクセジュという言葉で有名です。私は何を知っているのか、という意味です。いわば懐疑論です。また同じフランスということでデカルト（1596－1650）、パスカル（1623－1662）に影響を与えたとされています。

人間を中心にするということは、認識論で言えば「認識している私」、つまり「考えている私」について研究するということです。この時期、万有引力の発見などもあり宇宙は無限と考えられていました。宇宙の片隅に居るかもしれない自分に付いて考えることになりました。意識をするとはどういうことか、客観と主観はどう違うのかなどが対象になるわけです。伊藤邦武さんの「物語　哲学の歴史」によれば、体は宇宙の片隅に居るかも知れないのに、全宇宙のことを考えるとはどういうことか、ということになります。こういう時にデカルトが出現しました。前提をなくし、理性で、理詰めで考える方法を徹底しました。神を前提とするアリストテレスの哲学というかスコラ哲学から見れば、大胆な発想の転換になります。したがって、デカルトは近代哲学の父と呼ばれています。ちなみにデカルトは若き日イエズス会でスコラ哲学を学びました。その後オランダ、ドイツ、フランスなどを訪れ、途中軍隊に入ったりもし、多くの人と交流を持ちました。晩年はオランダで過ごし、方法序説などを著します。

デカルト

近世ヨーロッパの哲学は大陸合理論とイギリス経験論が二大主流です。デカルトは大陸合理論の祖のような存在です。我思う故に我有りの真髄は、全てのものを疑って掛かった場合に、疑っている自分がここにいるということだけは疑えない、ということです。これを哲学の第一原理と名付けました。たとえば夢を見た時に自分が登場するとします。夢の中では自分が動き自分が考えたりもします。何かに触ったりもします。しかし夢の中の自分は実物ではありません。夢の中で自分が触れた物は実体ではありません。偽りの認識です。そうするとこの世も夢から覚めない仮想現実の世界であるかもしれないわけです。極端に言うと、悪の霊が自分を操作してそのように思わせているのがこの世かもしれないわけです。しかしそこまで考えた時、それでも確かなことは、今そうして様々なことを考えている自分が居るということです。疑っている自分は間違いなく確かに存在する、ということです。

第一原理に基づけば、次に私が見たものを理詰めで考えて正しいとしたものは疑いが晴れて存在することになります。見たものという主観が先ですから、主観―客観の順になります。デカルトは見ているものが意識に上る様を観念と呼びましたが、フランス語では Idee という表現になります。イデアです。デカルトはプラトンの言うイデアをとらえ直し、実在するものでなくこころの中に浮かびあがる主観的な内容としました。デカルト以降イデアという言葉よりも観念という言葉が主流になります。観念論の登場というわけです。観念論は当然ですが物と観念は同じものであるか別ものであるかという議論となりました。たとえば、ロック（１６３２－１７０４）は別物とします。ヒューム（１７１１－１７７６）は観念と知覚を別物とし、バークリー（１６８５－１７５３）に至っては観念だけが実在で物は非実在とします。神の存在を前提とするとこういう議論になっていったわけです。また観念論でいう観念は生得的であるか経験により獲得するかという議論も生じました。

デカルトは懐疑主義、個を大事にする、人間中心、自由意思という言葉がすべて包含された先の一つの考え方にたどり着いたとも言えます。その思考の出発点は観念と外界に存在する対象物の一致を疑ったことにあります。また客観を保証するものとして神が使われました。正しい神に生かされている私は間違わない、正しい神が居て私の考えを保証してくれているという考えです。神を道具に使ってしまう発想というわけです。

デカルトの論の弱点の一つはこころと体の問題をどう考えるかということでした。認識ということであれば、認識しているのはこころです。とすればこころは存在するもの、つまり実体となります。では体の方はどうなるか。体も存在であり実体です。ここで心身二元論、特に心身の実体二元論になるわけです。ここで大事なことは、こころと脳は別物ということです。その昔、プラトンはプシュケーとソーマ（身体）を分けました。死はプシュケーとソーマの分離になります。プシュケーは不滅ですので、魂が身体に生命を与えるとも解釈できます。アリストテレスはプシュケーをソーマの形相であるととらえました。つまり魂は身体に宿ることになります。身体と魂は別物であっても切り離しが難しいということです。心身合一ととらえます。言い換えれば、別物かも知れないがリンクしているということでしょうか。デカルトはこの考えを改めたわけです。ただ、デカルトも心身合一は完全には捨てておらずこころと体の出会いの場として松果体を想定しました。

機械論

デカルトの理論によれば、知覚するのは身体に存在する物質ではありません。精神の中に生得的な観念を想定し、観念が知覚を行うとしました。正しく思考するときには生得的な理性が働きます。この考えの流れを大陸合理論と呼びます。大陸合理論は生得論の立場を取り経験論と対峙することになります。また、デカルトの理論つまりこころと体を別の実体と考えるならば、体は精神がない単なる箱あるいは単に動くだけの機械ということになります。デカルトは人間を理性を持つ生き物とし動物と区別しましたので、動物は単に機械ということになります。この機械論の考えを人間にも当てはめたのが医師でもあったラ・メトリ（1709－1751）です。ギリシア以来の霊魂、プシュケーを否定します。唯物論と二元論が霊魂の否定という点で結びつくことになりました。

唯物論はデモクリトス、エピクロス以来非主流的な考えになっていましたが復興の兆しがありました。ガッサンディ（1592－1655）はフランスの人ですがスコラ学派が依拠するアリストテレス哲学に対して反対の立場を取り、エピクロスの考えを継承したことが知られています。懐疑主義的立場でもあり、感覚としてとらえるものが認識であるとし、ロックらの経験論への道を開いたと言われています。同時代のホッブス（1588－1679）も唯物論者であったことが知られています。

機械論的考えの先駆はホッブスにも見ることが出来ます。人間は生命活動を行う物体とし、こころの実体を否定しました。ギリシア以来の唯物論の復活であり、心身一元論の始まりです。国家も物体的なものとしてとらえ、著されたのがリヴァイアサンです。社会契約論は絶対王政の擁護に使われたようですがロック（1632－1704）、ルソー（1712－1778）へと続く流れの元になりました。この時代の哲学は神の存在理由の説明のための性格が強いものでしたが、ホッブスについては無神論者であったとする説が強いようです。

ラ・メトリの機械論は心身問題から心脳問題への転換ともとらえられます。機械論によれば初めから機械として存在しますので、生得的とも考えられます。全て物理の法則で説明できるということになります。遺伝と環境で言えば生得的立場からその考えは遺伝論の始まりととらえることができるかもしれません。

スピノザ（1632－1677）について少し説明します。デカルトの抱える問題を越えるために出したのが心身並行論です。唯心論でもなく、唯物論でもない考えです。そのもとになる考えは、神が全てを取り仕切る、全てを決めているというものです。これを汎神論といいます。神即自然という考え方です。汎神論は無神教の裏返しとして、生きている間は批判の嵐だったようです（スピノザは改宗ユダヤ人であったようですが、ユダヤからも破門されたようです）。ただスピノザは無神論者というよりは理神論者であったと考えた方が良いかもしれません。理神論とは神の人格は認めず聖書に書いている啓示も認めないという考え方です。スピノザに無神論的要素があることからスピノザを唯物論者としてとらえる考えもあります。ただ心身並行論はこころが先に働くのでもなくまた物も先に働くというものでなく、互いに影響もし合わないとする考えです。従いまして厳格な唯物論者としてとらえるよりも唯物論的側面があったと考えるのが良いかもしれません。スピノザの名誉回復は死後に行われました。その著書エチカに代表されるスピノザの考えはドイツ観念論につながって行きます。またニーチェ、デイヴィッドソン、ドゥルーズらに影響を与えました。

自然権

ホッブスの社会契約論は王権擁護に使われ、ロック、ルソーの社会契約論は市民革命につながったとされています。ホッブスは「万人の万人に対する闘争」という言葉を残しているように自然状態は闘争状態にあると考えました。自然権は不十分というわけです。人間の生命保持の重要を訴え、生命保持のためには国家に権限を委譲すれば良いと考えました。難しく書けば、自然法により発生する自然権の行使は行使したもの同士で利害が対立するため、強者と契約し自分の持つ自然権は放棄するという考え方です。ホッブスは国家モデルとその理論を考えた点では先駆者であることは間違いがありません。近代政治論の道を開いたとする考えもあります。

ロックは神の意志として人間は理性的であり、基本的に社会は闘争を生まない。但しそれを確固たるものにするため公的な権力と契約を結び、自らに不都合が起こる場合は抵抗権を行使できるとしました。抵抗権は革命権でもあります。ロックにおいては自然法と自然権に矛盾は生じません。ちなみに自然権は人間が生まれながらに持つ権利で、古代は実体、本質という言葉で表される「もの」が決めており、中世では神が決めているとされました。近世では人間の理性としています。

ルソーも同様に自然状態は誰もが平等で自由である状態ととらえました。自然権が行き渡っているという考えです。権力者がこの自然状態を損なうようなことをした場合、権力者を倒しても良いという考えになります。ルソーは「社会契約論」を著しましたが、その特徴は自然権に財産権を含めていないところです。これにより、氏育ちで言うと氏で決めるところはなくなり、万人が平等ということになります。直接民主制を理想としたようです。その思想はフランス革命に影響します。

数学と哲学

デカルトの合理主義という哲学的発想には数学者としての側面も影響したようです。同様にライプニッツ（1646－1716）も数学的発想で哲学を見ていたと思われます。ただライプニッツは思想的には唯心論か唯物論で言うと唯心論と思われます。一元論か多元論かで言うと多元論です。モナドという要素（但し物質でなく精神です）を提唱しましたが、モナドは神であるモナドも含め多数有ると考えました。唯心論とはこころが先で物質が後からという考えのことです。この見方に限って言えば、今の認知神経科学の主流の考えとは異なります。しかしライプニッツのすごいところは二進法の発明であり、コンピューターの基礎を築いたことです。自動計算機についてはシッカート（1592－1635）、パスカル（1623－1662）が先駆者でしたがライプニッツも開発しています。微分積分についての先陣争いは述べたとおりです。またライプニッツはデカルト、スピノザをはじめ多くの学者と交流を持ちました。

なお、パスカルも数学者であり確率論でも有名で、神の存在確率についても計算したようです。

しかしパスカルの思想自体は神が絶対であり、デカルトの合理論については批判的だったようです。「人間は考える葦である」という言葉が有名ですが、それが掲載されている「パンセ」は死後出版されました。

唯心論と唯物論

補足ですが観念論 idealism は、存在論の立場からは唯心論 spiritualism に重なるとも言えます。ただし、唯心論の二項対立の相手は唯物論 materialism です。認識論において観念論は実在論 realism と対比される場合もあります。

また、観念論、唯心論でもこころは存在するとした場合は、実在論ともなります。東洋哲学では、特に仏教ですが、唯心論と少し違う考え方で唯識論というのがあります。一切の対象はこころの本体である識により映し出されるとします。識外に実在するものはないとします。諸存在は主観的で、空です。ただ心的作用のみから成り、こころも実在せず、やがて心的作用も、対象も、外界も消えてしまうという考えです。すなわち、無常であり、その瞬間は次の瞬間に過去になります。つまり、唯識論においてはこころの実在性は否定されたりします。これは唯識論が無意識を対象にしており、唯心論は意識が諸存在を規定するというところで相違するからです。

経験論

生得的な理性を中心とした合理論に対して経験論があります。イギリスのロック（1632－1704）が有名です。ロックは先にも触れましたように政治学者としても有名です。三権分立、名誉革命、アメリカ革命、フランス革命などの礎となる思想を出した人物です。

ロックが考えた「神が決めた理性的な人間」における理性は感覚経験と推論で形成されます。タブラ・ラサという白紙状態が出発点です。ロックはデカルトを学びましたが、生得説は採らず経験論となりました。観念の感覚的経験が階層を形成し理性の獲得につながるとしました。ロックは知覚についても考察しています。赤い机があるとしたら赤いということは知覚できるが、机そのものは本当に知覚できるのかということを問題にしました。机は机という情報があるから観念として表象できますが何も情報がない時に果たして机は知覚できるのかということです。実在論に代表されるように実体は古代ギリシア以来議論の対象となってきましたがロックの結論は知覚できないというものです。これはとりもなおさず感覚とはどういうことかを哲学でも本格的に議論するようになったことを意味します。細かな物言いをしますと、それまで知覚と感覚は分離して考えることが難しかったのですが、ここにきて両者を分離してとらえるようになってきたということです。現代科学でいう認知という考え方はまだできていませんが進歩がありました。なお、ロックは政治学者でもありますので、経験論の真髄は個人にあるというよりも社会にあると考えたと言った方が良いかもしれません。社会自体がもともと備わった理性や真理に基づいて動いているのでなく、社会自身も経験を通してでないと理想的な姿は生まれないというところかと思います。

バークリー（1685－1753）はロックが実在するとした物体そのものも心的な現象に過ぎない、言い換えれば全ての物質は観念としてのみ存在するとしました。今で言えば常識とは離れたすごく飛躍した考えですが、論を突き進めればこういう考え方になるのも理解はできます。バークリーはまた神の擁護のための議論も行っています。実体を保証するのは神の仕業というような論です。

ロック、バークリーに影響を与えた物理学者にボイル（1627－1691）が居ます。神学者でもあり、東インド会社の重役でもあり、活躍は多彩ですが、現代科学に与えた影響としては粒子論があります。化学反応は粒子の衝突によるとしたのです。十七世紀は科学革命の時代でした。しかし哲学の領域においてはまだ神の存在証明が重要な課題でした。知覚、観念など学問的掘り下げは進展しましたが哲学的思考から神が分離されるには進化論の登場まで待たねばならないようです。

さて、ロック、バークリーの哲学はヒューム（1711－1776）へと続きます。いわゆるイギリス経験論の流れです。ヒュームは懐疑論を唱えました。バークリーはこころは実体としましたが、ヒュームはこころは実体でなく知覚の連続プロセスであるととらえました。ヒュームのこの考えは現代でも通じるところがあります。経験は知覚（ヒュームの言葉では印象）の解釈、つまり観念の形成に影響します。としますと我々が思っている因果性は経験による想像ということになります。このようにしてヒュームは因果性というものはないとして因果を否定します。また、こころを知覚の連続プロセスと考えると考えている自分、つまり自我すら存在しないものということになっていきます。帰納法で導き出された結論は確実なものではないということになります。このようなわけで、ヒュームは懐疑論を唱えた人物と位置づけられています。またヒュームは感情と感情のぶつかり合いから倫理観が生じるとしました。つまり理性だけでは事足りないということです。

ヒュームは社会学者、経済学者でもありました。富の再分配にはまず産業振興が必要であるとし、公共善という考えから利の追求を可としました。その考えは功利主義に繋がります。また国家の繁栄のために自由貿易論をとり後世に影響を与えました。

ヒュームが自然科学の目で、心的現象を知覚の連続プロセスととらえたことは評価できます。しかし、因果性を否定するということは自然科学の発展の妨げになります。カント（1724－1804）はヒュームに影響を受けたことは自分で書いています。カントの出現が因果性を重視する自然科学にとっては望ましいものとなったと思います。ただし、カントの出発点は自然科学というよりもむしろキリスト教など全て含めて論理的に考えたいということだったと思います。その理由はヒュームによればキリスト教信仰には必然はなくたまたま信仰しているようなものという考え方になるからだと思います。

第五章　近代の哲学、心理学

カント

ヒュームにより目を覚まされたカントはヒュームの克服をめざすことになります。まず、帰納と言いますか経験論的思考によっても誤りになることはあるし、また理性に基づいた合理論で演繹的に思考しても結果が間違いになることもあることを示し「批判」を行います。そしていくつかの理性を規定することで、合理論と経験論の融合を行い、ヒュームの論を越えることをめざしました。理性も経験の影響を受けるし、経験も理性の影響を受けるということです。数学のように経験が関わることでも先天的な理性に基づいた論理的思考があることを示しました。

カントと言いますと純粋理性批判や実践理性批判という言葉が有名です。そもそも純粋理性や実践理性は何者であるかといいますと、先天的（アプリオリ）な理性が純粋理性です。生まれた時には持っていると考えられる理性で経験という要素が入らない理性です。実践理性とは何かを実践する時に作用する理性のことです。先天的に持っている道徳法則に基づいて倫理的な実践、意志を決める理性のことです。理論理性という言葉もあります。実践理性と対をなす理性です。経験を生得的な法則に当てはめて認識を行う際に作用する理性です。理論理性は認識の対象に関わるもので、実践理性は行動の主体に関わる理性だとも言えます。なぜこのような理性を考えたかと言いますと認識や実践などそれ自体が経験ということがらを取り上げることで、合理論と経験論の融合を図ったからです。実践理性と理論理性の両者を比べた場合にカントは実践理性を理論理性に対して優位とします。実践理性では神や霊魂や自由といったことがらが対象になるという意味での優位性です。神や霊魂や自由は直接認識できません。理論理性では無理ということになります。これらを思考する際には実践理性の出番となるからです。

カントは先天的なものについて感性、悟性、理性という区分もしています。英語で言いますと順に、sensibility、understanding、reasonとなります。感性は直観、悟性は思考の時に作用し、感性と悟性が組み合わさって認識されるものが現象ということになるかと思います（ここで言う現象とはイギリス経験論における観念に近いと思います）。詳しく書きますと時間と空間に関しての直観に関わるものを感性、理解し判断する力を悟性、さらに悟性を統合し総合的に推理（reasoning）する力を理性としました。経験したことのないものを認識する際には理性が働くということになります。また認識できないものをカントは物自体と呼びました。認識できないわけですから理性が働く範囲外にあるということになります。少しややこしいですが、物を認識する際認識された物は頭の中で描き出された物です。描き出された物を物と判断しているわけです。つまり実際に存在する物（物自体）を直接物と判断しているわけではないということです。

カントによるヒューム越えの理論ですが、認識の客観性を認識される対象に求めるのでなく、認識する主体側つまり主観に置いたことが一つのミソです。ここで使った論理はコペルニクス的転回と呼ばれるものです。我々が物体を認識するのではなく、認識しているのが物体としました。これは後のフッサールの現象学につながっていく考えでもあります。対象こそが認識に従わねばならないというものです。それまで信じられていた、認識は対象に従うという考えを180度変えたわけです。天動説を覆し地動説を唱えたコペルニクスに倣いコペルニクス的転回と呼んでいます。認識が対象に従う場合は認識は経験からいつまでも切り離れません。ヒュームのいう懐疑論に陥ることになります。逆に言いますと、懐疑論に陥らないようにするには主体側に客観性を置く必要があったことになります。

またカントは分析判断、総合判断という論理も持ち出します。分析判断とは、述語で表されていることが既に主語の概念に入っている場合の判断で経験によりません。「和田さんという男性は人である」というように主語を分析すれば述語が導き出される場合の判断です。総合判断とは主語に加えてさらに述語も付け加えられた時に行われる判断です。「和田さんは色が黒い」というような場合の判断です。述語で表されることが主語の概念に入っていない訳ですので経験が関係します（主語と述語の概念を結びつける必要があるからです）。数学の命題の解釈は総合判断だけれどもアプリオリであるとしました。アプリオリな総合判断は人間の経験に基づく認識において必然性、因果性ということを確保することに寄与していると考えたわけです。アプリオリによる総合判断が可能としたところで懐疑論など経験への極度の依存を排除しました。ただしよく考えれば、経験とアプリオリという概念の両立は難しいものです。フレーゲ（１８４８－１９２５）は後に数学について幾何はアプリオリな総合判断だとしても代数はアプリオリな分析判断であることを示しました。

いずれにせよ経験論において観念論になりがちなところもアプリオリを持ち出す合理論的考えとの融合でカント的には乗り越えたことになります。またカントは、同一であるとか因果あるとかの認識はアプリオリな総合判断の部分でできると考えました。

見てわかりますようにカントの論理学は基本的にはアリストテレスの論理学です。アリストテレスでは述語で表されないのが実体です。カントの論理も主語、述語の関係で語られます。存在する、神が存在するということは論理的述語でも存在的述語ででも表せず、主語に包含される概念としました。

関連しますが、カントはそれまでの神の存在証明を批判しました。カント自身は神の存在を否定しているわけではありませんが、それまで試みられた自然神学的証明、宇宙論的証明、存在論的証明では神の存在を証明できないとしたわけです。人間や世の中が精巧に出来ているからといって神の存在が証明できたわけではないですし、宇宙の中の物体を動かしている初動者として神を想定したという論理も原因を無限に遡ってみることになるから初動者が居るのはおかしいということです。存在論的証明では、神という主語は「存在する」という意味を含めたものとすると「神は存在しない」という議論は矛盾を引き起こします。存在するものを存在しないとする議論はおかしいからです。では「存在する」という意味を「神」という主語から外しますと、「存在」は述語の方で語られる要素になり、「神は人である」という文の「人である」という述語部分と同類のものになってしまいとても証明されたとは言えません。つまり存在論的証明でも証明できないということをカントは示しました。

カントの結論は、神の存在は道徳論的に最高の善であり、実践理性が対象とする最高道徳の実現のためにも神の存在が要請されるというものでした。ただカントの結論は明らかに先送り的で、後にヘーゲル（1770－1831）にも批判されることになります。しかしカントが神の存在証明を批判したことで神の存在証明の歴史は終わりに向かいます。ダーウィン（1809－1882）が「種の起源」を世に出すのが一八五九年、ニーチェ（1844－1900）が「神は死んだ」と著すのは一八八二年のことです。

カントは純粋理性批判のなかで法則と自由を持ち出し、自由が存在しないということは証明不可能であることを示しました。どういうことかと言いますと、人間は理性により自律化された道徳法則に従って自由に生きているということです。他律的な行動でないから自由ということです。自由と法則を一致させるのが神であり、その保証によって霊魂不滅となります。神をこういう風に想定するならば神の存在は考えやすいという論理で、デカルトのように神を合理論的に証明しようとすることはしませんでした。

人間は自由でいられるということは、神の存在証明への批判と並んでカント以降の哲学に対して大きな意味を持ったのではないかと思います。自由ということは人間のこころも自由でいられるということです。ヒュームに向き合ったカントの哲学により、カントの思惑とは別に人間とは何かについて神による創造物というとらえ方を越えた議論が可能になったのではないかと考えます。

こころも自由ということは芸術の鑑賞にも影響します。カントは芸術は主観的だが普遍的としました。対象としての物に美があるというよりも認識の中に美があるという訳です。カントによって芸術も解放されたと言いますか、主観的に美を追求できるようになり、西洋絵画の近代化にも貢献したと言われています。

神学的にみれば、中世の唯名論は、神は実体でなく、いわば信仰の中に存在することになります。これに対してデカルト、ライプニッツなど合理論の考えからは実体としてあるということで実在論が復活したようになりました。カントはこれに対して再び信仰の中にあるという流れに戻したことになると思います。

ドイツ観念論

カントに続くドイツ哲学の中軸はその後ドイツ観念論と呼ばれる流れを作りました。たとえばナポレオン占領下のドイツベルリンで「ドイツ国民に告ぐ」という講演を行ったフィヒテ（1762－1814）はカントの哲学を発展させようとしました。

ドイツ観念論はヘーゲル（1770－1831）によって完成されたと言われています。ドイツ観念論のミソは自我というものを持ち出し、実体（物質）か観念については観念に統一していったところです。自我はカントにおいては複数の理性を考えたことで分断状態でしたからそれの修復が試みられたわけです。認知神経科学的にみれば自我をとらえなおしたことで認知という現象は全て意識の中でのことであるという流れが生じたと言えます。主観も客観も全て意識の中でのことであり、意識と切り離した客観はないという辺りは後世の現象学につながるものと思われます。カントの物自体という概念は考えなくても良いことになりました。また信仰も意識の中ということになり、神も我々からかけ離れたものでなく、人間に近い存在、本性であるということになります。この辺りは、神の存在が徐々にではあるにしろ哲学の主題でなくなってきたことを表します。

ヘーゲルは物の世界である自然とこころや意識の世界である精神を動かす共通原理として絶対精神を考えました。言い換えれば、絶対精神は自然現象としても現れ、精神現象としても現れることができるものということになります。その意味において絶対精神は実体であり実物です。絶対精神の考え方はドイツ観念論の終着点でもあったようです。ヘーゲルでもって一つの哲学の終わりともされています。つまり十九世紀以降の哲学はヘーゲルの否定から始まったとされているくらいにヘーゲルが大きな存在であったのも確かです。弁証法はヘーゲルが完成させた方法ですが、マルクス（1818－1883）は弁証法的思考からヘーゲルとは全く異なる唯物論を展開しました。

ヘーゲルは悟性には限界があるが、理性にはないとして悟性と理性を区別しています。ヘーゲルは現実のなかで理性が働くとしました。理性が働いた先にある理想型も現実の中にあります。この思想は社会論的に現実の社会としてのドイツ、ヨーロッパの先進性、優位性の説明に使われました。しかし、現実の社会は理想的にはなっておらず生きるのさえ苦労する人々があふれていました。こういう現実と哲学論の乖離もヘーゲル批判の出発点となりました。社会体制の批判はマルクスの思想につながっていきます。もっと人そのものを見ないといけないという思想はいわゆる生の哲学の人たちにつながります。ショーペンハウアー（1788－1860）やニーチェ（1844－1900）がその代表です。神学からの脱却を行いました。

ヘーゲルは合理主義（理性主義）とロマン主義を統合したと考えられています。ロマン主義とは十八世紀末から十九世紀中頃にかけて起こった運動や現象のことで、個人の感性を大事にすることが特徴です。理性を重視した啓蒙主義を批判する形で生まれました。知性よりも情緒ということです。ベートーベンやゲーテが芸術面での代表者です。ロマン主義はヘーゲルと同時期の哲学者であるシェリング（1775～1854）やフィヒテから影響を受けました。フィヒテは自我の重要性を訴え、シェリングは精神と自然が統一した形態の見本として芸術を取り上げました。いずれも芸術活動にとって都合が良い考えになります。芸術は自我の発露でもあるからです。

シェリングは物質と精神、客観と主観などは絶対的同一者の現れであると考えました。この考えを同一哲学と呼びますが、歴史や社会にある諸物も含めて一つの大きな世界を自然ととらえ、その中に精神も存在するというところを意味しているかと思います。ヘーゲルの言う絶対精神は同一哲学を批判的に継承したものかと思います。

ヘーゲルは同一哲学の考えでは、現れる精神や物の差異など個々の非同一のことが説明できないとしました。さらに同一哲学では要素にならなかった人間の「意識」というものを取り上げました。ヘーゲルは神の真実性を述べましたが、神が居なくても人間は理性的に考えることができるということを示しました。つまり、ヘーゲルは同一哲学で言う精神という部分を理性という言葉で置き換えていったとも言えます。これによりヘーゲルは理性が前面に出る合理主義と自我が前面に出るロマン主義を統合したわけです。

ヘーゲル批判

ヘーゲルに対する批判を少し書きますと、キルケゴール（1813－1855）は絶対精神の考えでは個々の人間が悩む様は解決できないと考えました。絶対精神の考えでは人間というものは小さな存在になってしまうからです。キルケゴールが生きた時代は社会不安が広がる時代でした。人間とは何かを追求したわけです。そして人間的であることに対して実存という概念を出し、後のハイデッガーに影響を及ぼしました。またキルケゴールはヘーゲルにおける神への信仰の部分を批判し、神に非人間的なところを求めました。さらに非キリスト教者に存在する不安が契機になりキリスト教者に至ることを論じました。

マルクスは労働についてヘーゲルを批判しました。ヘーゲルは労働を人間の本質であるとしましたが労働という言葉が表すものは抽象的で観念的でした。マルクスは労働とは物質的なものであるとし、唯物論的にとらえました。フォイエルバッハ（1804－1872）は絶対精神は人間を外から見る考えであり、結果として人間を疎外することにつながるとしてヘーゲルを批判しました。神とは人間が創造したものであるとも言っています。フォイエルバッハの考えはマルクスに影響したとされています。

ショーペンハウアー

デカンショという言葉がありました。元は丹波篠山のデカンショ節から来ていますが、デカルト・カント・ショーペンハウアーを指す言葉でもありました。この三人は学ぶべき対象であるということです。ショーペンハウアー（1788－1860）はペシミズムで有名です。仏教をはじめとする東洋哲学にも関心がありました。理性があるから大丈夫というような合理論的、ドイツ観念論的思考でなく、現実を直視した哲学を提唱しました。世界は最悪的だとしました。ヘーゲルの考えるヨーロッパの優位性とは真逆の考えになります。

ショーペンハウアーの思想の出発はカントの言う物自体を意志ととらえたことです。目に見えない認識できないものとして無意識的な意志を考えたわけです。世界には意志があるというような考えにつながります。意志でいえばルソーが出発点のようですが、ショーペンハウアーの言う意志は少し異なります。無生物にも意志があるとしています。意志が世界を作り出すという発想だからです。ショーペンハウアーは特に無目的の意志に着目しました（この考えはフロイトなどに影響したようです）。無目的にひたすら生に向かう意志です。現世はそういう意志が抗争する場ととらえました。意志は物自体ですから自分で制御できません。だから苦悩や挫折を味わうことになるとしました。この考えはニーチェに影響し、また大衆にも広く受けたようです。苦悩に満ちた生から逃れるのは仏教で言う解脱であり、また音楽など芸術であるとしました。つまり意志にまつわる魂のようなものを滅却するか浄化するかが方法であると考えたわけです。魂の浄化はその後の精神世界のような考え方につながったのかもしれません。芸術に関してはワーグナーに影響を与えました。ショーペンハウアーはまたプラトンのいうイデアを表象と考えました。この場合の表象はカントの言う現象に当たります。カントによれば感性と悟性が作り上げるものが現象ですが、ショーペンハウアーの場合は意志が表現されたものはイデアになるかと思います。ショーペンハウアーはヘーゲルに隠れるような存在のようでしたが、種火として後世につながる役割を果たしたわけです。まるで恐竜時代に細々と生き延びていた哺乳類のようです。東洋哲学の取り入れ、古代ギリシアの思想の再入はキリスト教史観に多大な影響を与えたと思われます。そういう意味ではヘーゲル流哲学の終わりから、現代思想につながる橋渡し的役割を果たした人物ではないでしょうか。

ニーチェ

ショーペンハウアーが橋渡しとしますと、ニーチェ（1844－1900）は現代思想の扉を開けたと言えるかもしれません。ニーチェは、生は誤謬だらけであるとしました。弱いものは救われるという様なキリスト教思想的なことは現実には存在せず、強者弱者は文字通り存在するのだということです。弱者の持つ妬み（ルサンティマンと呼びます、キルケゴールが最初に言ったようですが）のようなものをうまく逆に利用したのがキリスト教で、そのために神は創造されたという考えです。価値観が変われば神は不必要ということで、神は死んだと著しました。この時代、社会の変革期でキリスト教的価値観が大きく揺らいだ時代でした。人間中心的に考える流れは以前からありましたが、自然科学が発展し、産業革命、資本主義が起こります。社会には不安が渦巻きます。従来の価値観で理想とされてきたものはいまや無意味だということでニヒリズムが生じました。ニーチェはキリスト教的世界に変わる新たな価値体系を求めたと言えます。言い換えますとニーチェはそれまでのヨーロッパ哲学における知の体系を葬り去ったとも言えます。

ニヒリズムが作用すると、無価値の状態ですから進歩したのか退化したのか分からなくなります。これが永遠回帰です。そして無価値の状態から善悪を見直すのが超人になります。ニーチェは力への意志ということを言いますが、キリスト教的神の死んだ善悪の世界でのニヒリズムを乗り越えるものとして、見せかけでない「力」を想定したのではないでしょうか。

分析哲学の始まり

カント後の哲学の流れですがドイツ観念論のほかにも多岐にわたった流れがあります。一つは先に述べたフレーゲ（1848-1925）による新規論理学の構築です。アリストテレス論理学に見られる主語—述語関係で問題となった量化について業績を残しました。後に述べますラッセルとともに分析哲学、数理論理学の祖と言われています。

論理学ではパース（1839-1914）、ソシュール（1857-1913）の存在は無視できません。フレーゲとパースはともに記号論・記号学の創始者とされています。まずパースですが、アメリカの人ですが、伝記物にでもなりそうなくらい壮絶な人生を送った人でした。哲学面、認知科学の面での功績は大変大きいものがあります。カント、スコトゥスらの影響を受けました。伊藤邦武さんによればパースの功績は、人間の精神の本質は記号的な思考作用である、としたことです。思考とは記号作用であるということになります。人間とは一個の記号であり、開放系であるという考えです。閉鎖系ではないということです。過去の哲学者が二項関係で考えたやり方でなく三項関係で考えるのが理にかなうとしました。精神活動に直観はなく、時間を伴った推論の連続である。記号は外的要因により影響を受け変化し得る。記号は三種類のカテゴリーでそれぞれ三つに分けることができる、としました。時間を伴った推論ということは、デカルトの生得的な直観の否定になります。推論のプロセスとして演繹、帰納に加えて、仮説形成（abduction）

を提唱しました。これも三項目になります。仮説形成の時に作用する記号として、iconic sign, indexical sign, symbolic signを考えました。記号が外的要因の影響を受けるという考えはイギリス経験論的とも言えます。フレーゲといいパースといい、思えば、一八五九年の種の起源から極めて短期間の間にそれまで二千年の歴史があったアリストテレス論理学の超越が進んだわけです。記号論から発展したものの一つにホフマイヤー（１９４２－）の生命記号論があります。意識には自然史的背景が関与すると考えました。その著「生命記号論－宇宙の意味と表象－」（青土社）では、意識とは身体の実存的環世界を肉体が空間的物語的に解釈したものである、とあります。

分析哲学はこのように記号論理学を創始とします。現象なら現象を要素要素に還元し、そこから基盤となる原理を導き出す手法です。言い換えれば、より単純で明確化された数式に置き換えると言っても良いかも知れません。言語はまさにこの対象になりましたので初期の分析哲学は言語学（言語哲学）とともに歩みました。現代では分析哲学はより広くとらえられるようになってきています。記号論理学だけでなく、何らかの科学的手法が加味されて分析か解析がされる哲学も分析哲学と呼ぶようになって来ています。これに対して、狭義の分析哲学は現代では「日常言語」を論理的に分析する哲学という位置づけになっています。

プラグマティズム

パースはまたプラグマティズムの創始者として位置づけられています。プラグマティズムという呼び方を提唱しました。プラグマはギリシア語で行為のことです。パースは行動があってこその思考ととらえたようです。友人のジェームズ（1842－1910）がプラグマティズムを広めました。プラグマティズムの発展には哲学、記号論だけでなく心理学の行動主義なども影響したとされています。プラグマティズムは大辞林によれば「デカルト以来の意識中心の立場を否定して、行動を重視し、思考・観念の真理性は環境に対する行動の結果の有用性から実験的検証を通して帰納的に導かれるとする立場」となります。

プラグマティズムはヨーロッパの観念論的な哲学と並ぶ米国の哲学大系です。ヨーロッパの哲学は、真理を追究してきましたが認識論に代表されるように対象、観念、理性、道徳といった言葉の中でフレームワークを構成するだけでした。つまり、行動ということが抜けていたわけです。実用的かという言葉も落ちていました。ヨーロッパの哲学では万物においてこれが正しいかどうかということが重要でしたが、プラグマティズムでは個々の行動にとって有益であればそれは真理であるということになります。この考えは、経済や政治に影響を及ぼすことになりました。個々を拡大すれば国や社会になりますから、国や社会にとって有益どうかということにつながります。社会での有用や有益という概念は理念でなく実際の観測でもって計られます。観測ということになりますと科学とのつながりができます。実証できるかできないかを問うことになるからです。当然哲学としても形而上学的な事柄よりも自然哲学が対象とした形而下学的なことに実証性を求めるようになります。

プラグマティズムはイギリス経験論の流れをくむとも言われています。それは、観測という言葉でもわかりますように経験がないとわからないものを重視しているからです。ヨーロッパでは生の哲学が個人、人間という物を前面に出すようになりましたがプラグマティズムも同様な側面を持ちます。十九世紀後半からプラグマティズム、生の哲学が起こったのは歴史の流れの必然ととらえることができるかもしれません。プラグマティズムは二十世紀に入りシカゴ大学を中心に発展します。ちなみに余談ですがシカゴ学派という言葉は経済学の分野でも有名です。

記号論

パースはタイプとトークンという言葉を生み出しました。タイプとは総称的に使用するときのもので、その総称の中で個々の違いに着目した物言いをするときはトークンになります。よく使われるのが赤いバラの例で、全てのバラは赤いと言ったときはタイプは赤になります。淡い赤もあれば濃い赤もあります。淡い赤はトークンで濃い赤もトークンです。

パースは先に書きましたように記号を三種類に分けましたが、ソシュール（1857－1913）は記号を二種類に分けて議論を展開しました。記号表現（シニフィアン）と記号内容（シニフィエ）に分けたわけです。つまり、パースとソシュールでは記号の意味が少し異なっています。

ソシュールの記号論は言語論との関係で有名です。その論の特徴は記号、言語の恣意性です。シニフィエは英語のシニフィアンとも結びつくし日本語のシニフィアンとも結びつくという意味での恣意性です。ソシュールは言語を構造的にとらえましたが、哲学、思想にも大きな影響を与えました。一九六〇年代からの構造主義、一九七〇年代辺りからのポスト構造主義に影響していきます。ソシュールは構造主義の祖の一人と呼ばれています。もちろん近代言語学の父でもあります。ソシュールの言語論はチョムスキー（1928－）につながっていきます。

新カント派

少し時間を元に戻します。カントの流れの一つとして新カント派があります。カントに帰れというスローガンがありました。一九世紀後半から二十世紀にかけてです。カントの観念論を大切にしようということでしたが、背景としては、ヘーゲル哲学の行き過ぎあるいはヘーゲル哲学後の混乱がありました。自然科学が発展した時代ですから、事実に基づいた実証ということが自然科学では重んじられるようになります。実証科学の立場から見れば、ヘーゲルの哲学の行き過ぎつまり事実を無視した議論は反論の対象になります。

つまり科学の方から経験科学、実証科学の重要性が唱えられました。ところが今度はそうなりますと、人文科学・社会科学にまで実証科学の指標が持ち込まれることになります。これでは人文科学・社会科学の特徴が出せなくなります。この様な背景をもとに人文科学・社会科学の特徴を出そうとしたのが新カント派です。ただし、カントの時代と違い神は登場しませんし、あくまで人間が中心です。自然科学と人文科学・社会科学の両方を区別し人間というものを問いました。

西南ドイツ学派とマールブルグ学派に区別することができます。なお新カント派はいわゆる生の哲学とは論を異にします。生の哲学が非合理なことにも目を向けるのに対して新カント派は合理性を追求しました。新カント派は一時期盛んでしたがフッサールの現象学の登場とともに衰退します。

新カント派をもう少し詳しく書きますと、実証科学のあおりを受けて自然科学的唯物論手法で形而上学的なことも証明できるだろうという流れになっていたものを、経験したものしか実証できないし経験したことがないもの（例、神が存在する）は実証できないということを明確にしました。物自体と現象を分けたカントの批判精神に帰ろうというものです。新カント派は前期と後期に別れますが、前期では認識論を生理学的にとらえるようになります。後期ではアプリオリを論理学的にとらえようとし、フレーゲの論理学の前触れの様なことが起きました。

新カント派にはヘルムホルツ（１８２１－１８９４）の影響がありました。カントは人間の認識は感性と悟性が生得的に備わっており作用するとしました。感性に空間と時間に対する直観も含まれます。それまで直観後の認識や現象のことは議論されていましたが直観自体のプロセスについては置き去りのままでした。ヘルムホルツはまさにそのプロセスを解析した人です。ヘルムホルツ自身も初期新カント派の哲学者として位置づけられています。

心理学の始まり

ヘルムホルツ以前の近代心理学の流れに少し触れます。サトウタツヤさんと高砂美樹さんの共著「流れを読む心理学史」（有斐閣）ならびにサイエンス社の「心理学史への招待」を参考にして紹介します。

西洋の心理学は哲学における認識論から派生しています。イギリス経験論は心理学の立場から見れば、連合心理学を形成しました。刺激に対しては反応があります。反応に当てはまる心理活動、精神活動は要素の結合により生じると考えました。心的活動要素の結合、観念の連合が精神活動を生じるというわけです。ジョン・スチュアート・ミル（1806－1873）が連合心理学を完成させたとされています。この方法は実証性の点から見劣りしますのでやがて実験心理学の勃興とともに没落しますが、刺激（S）―反応（R）の考え方は今も残っています。

近代心理学は医学、生理学、さらには進化論の影響を多大に受けています。ヘルムホルツの師はヨハネス・ペーター・ミュラー（1801－1858）でした。感覚神経の個性というものを考え特殊神経エネルギー説を唱えました。感覚神経、運動神経の分類については その先人として、チャールズ・ベル（1774－1842）、マジャンディ（1783－1855）がいます。空間知覚に関しては、カントは生得説、バークリーは経験説でしたが、ミュラーは生得説の立場を取りました。

進化論に関しては、人間と猿の脳の違いについての論争もありました。ハクスリー（1825－1895）は量的差異だけであるとし、リチャード・オーウェン（1804－1892）は人間の脳の特殊性を強調しました。進化論は比較心理学の形成にも寄与しました。

カバニス（1757－1808）も忘れてはなりません。「人間の肉体と精神の関係」という本を著しました。精神的事象は感覚など身体的事象との関係において解析するべきであるとしました。カバニスは観念論者でもありましたが、生理学的心理学の創始者の一人でもあります。

ヘルムホルツ（1821－1894）はいろんな分野で功績をのこしています。神経伝導速度を測定しました。蝸牛と聴覚の関係を示しました。振動数に関して共鳴説を出しています。視覚に関しては三原色のきっかけを見いだしたトマス・ヤング（1773－1829）とともにヤング・ヘルムホルツの光三色説を提唱しました。エネルギーの第一法則も発見しました。認知科学で言えば、無意識的推論で知られています。また、知覚は経験により変動するとしました。ちなみに文豪ゲーテも色覚の研究をしていました。

心理学の哲学からの独立

実験心理学の成立とともに、心理学が哲学から独立していきます。カントは心理学は自然科学にはなれないと著しました。これに挑んで成功した先駆者が精神物理学の祖とも言われるフェヒナー（1801－1887）です。心的反応と身体反応の間の数量化を目指しました。精神と物質の一元的理解の試みとも言えます。今で言う感覚生理学です。同僚でもあったエルンスト・ヴェーバー（1795－1878）の法則を活用し、感覚の大きさは刺激強度の対数に比例するというフェヒナーの法則を見いだしました。閾値の概念も含まれた法則です。ちなみに閾値に付いては微小知覚という意味でライプニッツ辺りにその発端を遡ることもできるようです。現代で言う精神物理学的測定法の基礎になる方法を見いだし、精神物理学原論を著しました。その年つまり一八六〇年を実験心理学の始まりとする人もいます。

なお、フェヒナー自身が書いているようですが、発想に影響を与えた考えに当時のベルヌーイ（1700－1782）やラプラス（1749－1827）による「物の価値論」があったようです。異分野の動向の適用成功例としても参考になります。なおこのベルヌーイはダニエルで伯父のヤコブ・ベルヌーイは関孝和と並んで数学上の発見（ベルヌーイ数）で知られています。フェヒナーもエルンスト・ヴェーバーもライプツィヒ大学で活躍しました。

心理学の哲学からの独立は、前述のように議論はありますが一般的にはヴント（1832－1920）の実験心理学から始まったとされています（本人は生理学からの独立を目指していたようですが）。ヴントは若い頃ヘルムホルツの助手をしていました。一八七九年にライプツィヒ大学に世界最初の公的な心理学実験室を設けました（私的なものはジェームズが先とも言われています）。実験器具を用いて内観法による観測を行い、ドンデルス（1818－1889）の考案した反応時間の減算法を応用し心理課題の遂行に要する時間を測定しました。知覚、統覚、認識、連想、判断等の要素に分けそれぞれに要する時間を測定しようとしました。このような要素に分けて考える方式は構成主義と呼ばれています。心理学を経験科学的に扱い実証性を確保しようとする試みです。フェヒナーもヴントも心理学を経験科学として位置づけ、形而上学にはしないという先駆者であるわけです。

内観について少し話が横にそれますが、クオリア（日本語は感覚質）という言葉が二十世紀以降言われ出します。内観、主観による現象のことです。クオリアの語源そのものは古く、アウグスティヌスの書にも出てくるようです。心的現象のなかで「何々のような感じ」という言葉で表される質感のことを特に指します。質感については物理論で説明できるとする考えや物理論を拡張することで唯物的に理解できるとする考えと、観念的にしか理解できないとする考えがあります。自然科学、神経科学的には意識の問題をボトムアップ的に理解していくことでクオリアがいずれ解き明かされる日が来るのではないかと考えたいところです。

ヴントの実験法は後に内観法の限界と併せてそんなに簡単には精神現象を測定できるものでないと批判されます。しかしヴントのもとには多数の米国人が留学しました。これが後の米国での心理学の発展につながったと言われています。

なお、この時代の周辺の動きを見ますと脳波が一八七五年リチャード・ケイトン（1842－1926）により発見されています。ただ脳波測定が実用的に注目を浴びるのは一九二九年のハンス・ベルガー（1873－1941）まで待たねばなりません。つまりヴントの時代の心理学、生理学では脳波測定は行われていませんでした。ニューロン説のカハール（1852‐1934）、網状説のゴルジ（1843‐1926）が揃ってノーベル賞を受賞したのは一九〇六年です。ブロードマン（1868‐1918）が脳を52の領域に分けたのが一九〇九年です。ブローカ（1824‐1880）による言語中枢の発見が一八六一年です。ウェルニッケ（1848‐1905）中枢は一八七四年の発見です。脳機能局在論は大分遡りますがガル（1758‐1828）が十九世紀初頭に最初の概念を提唱したと言われています（異説もあります）。

心理学の発展

ヴント以降の心理学の流れですが、まず欧州ではブレンターノ（1838‐1917）が出ました。心的内容よりも心的過程を重視し、作用心理学の基礎を築きました。作用心理学とは意識の内容よりも意識の作用を重視する心理学ということです。ブレンターノは志向性を（再）発見しており、後のフッサールにつながっていきます。志向性とは意識は常に何らかの対象に向かっているということです。スコラ哲学の時代に似た記述があります。ブレンターノは心的現象と物理現象をわけ、心的現象に志向が働くとしました。物理現象とはいわば感覚です。つまり、心理学の勃興辺りから感覚と知覚の分離が始まり、知覚の議論から認知という芽が出始めた様に思えます。

フッサールはブレンターノの講義を聴きました。フロイトはブレンターノの学生でした。他にブレンターノの弟子としてはシュトゥンプ（１８４８－１９３６）がいます。知覚という機能プロセスと知覚内容を分け、前者を心理学の対象とし後者は現象学の対象としました。ブントが知覚内容を心理学の対象としたことと対比的です。機能を重視したことでシュトゥンプはドイツにおける機能心理学の祖と言われています。また現象学に基づいて心理学が成立すると考えたようで、シュトゥンプの研究はゲシュタルト心理学の発展の基礎になりました。ゲシュタルト心理学とは精神活動を要素要素で考えるのでなく、全体の形態（ゲシュタルト）としてみる心理学です。作用心理学の影響も受けています。ゲシュタルト心理学の第一人者となったヴォルフガング・ケラー（１８８７－１９６７）、クルト・コフカ（１８８６－１９４１）はシュトゥンプの学生で、クルト・レヴィン（１８９０－１９４７）もシュトゥンプの講義を聴講しました。ちなみにゲシュタルト心理学は映画の発展にも貢献しています。

シュトゥンプの学位指導者はロッツェ（１８１７－１８８１）でした。ロッツェはヴェーバー、フェヒナーの指導を受けた人物で新カント派の先駆者の一人です。ロッツェが学位の指導をしたもう一人重要な人物にゲオルク・エリアス・ミュラー（１８５０－１９３４）がいます。ＧＥミュラーは視覚研究で有名ですが、ゲッティンゲン大学に世界で二番目の心理学研究室を作りました。

フェヒナーの影響を受けた重要な人物としてはヘルマン・エピングハウス（１８５０－１９０９）がいます。ベルリン大学に心理学研究室を作りました。無意味綴りを考案し記憶の研究を行い忘却曲線を報告しました。フェヒナーの精神物理学原論をロンドンで見つけ感銘を受けたという逸話が残っています。エピングハウスは「記憶について」という名著を残しました。

アメリカの心理学

アメリカの心理学を少し紹介します。ヴントの弟子のティチナー（1867－1927）はイギリス人でしたがアメリカに渡り構成主義の心理学を展開しました。しかしアメリカでは構成主義はその後廃れていきます。ゲシュタルト心理学についてはドイツの著名学者たちがナチスの台頭などドイツの政情に絡んで亡命等を行うことでアメリカに移住しました。しかし既にアメリカでは機能心理学、行動主義が盛んで、また専門用語など言葉の問題等もあったのでしょう、構成主義同様ゲシュタルト心理学のメジャーな展開はアメリカではありませんでした。アメリカに移った学者としては、ヴェルトハイマー（1880－1943）、ヴォルフガング・ケラー、クルト・コフカ、クルト・レヴィンが有名です。コフカはゲシュタルト心理学を発達心理学に応用しました。レヴィンは社会心理学の祖としても有名です。後にギブソン(1904－1979)がアフォーダンスの概念を出したときはコフカやレヴィンの考えを参考にしました。アフォーダンスとは「環境が有機体（人間なら人間）に与える意味」という概念です。

アメリカ人としてアメリカの心理学を打ち立てた人物にウィリアム・ジェームズ（1842－1910）がいます。アメリカの心理学を語る上で抜きにはできませんが、先に述べたプラグマティズムのジェームズと同一人物です。様々な分野を学んだ人物ですが、生理学から心理学、哲学へと軸足を移していきます。機能心理学の流れを生み出しました。機能心理学はヴントやティチナーの構成心理学と対立するもので、構成心理学のように要素要素で見ていくのでなく、また精神分析のようにこころに浮かんだ様を対象とするのでなく、こころの機能つまりこころの働き具合、プロセスを研究対象とします。その背景には進化論とプラグマティズムがありました。簡単に言いますと、環境に適応するということが進化論では重要ですから、機能心理学では環境にこころがどう対応するのかが重要になります。対応の表れが行動になりますから、こころや意識を見るには行動から見ればよいのではないかということで、機能心理学の流れから行動主義が成立していきます。また、こころのプロセスを研究することは認知とはどういうことかということにつながりますから機能心理学の流れから認知心理学が成立していきます。

ジェームズの弟子にスタンレー・ホール（１８４４－１９２４）がいます。アメリカ心理学会の初代会長です。ホールの弟子がジョン・デューイ（１８５９－１９５２）で、デューイの弟子がジョン・ワトソン（１８７８－１９５８）です。デューイは哲学家としてプラグマティズムを大成しました。パースにも指導を受けたことがあります。パース、ジェームズ、デューイの三人をプラグマティズムの創始者とする見方もあります。デューイは新渡戸稲造の友人としても有名です。

デューイは若い頃はカントやヘーゲルの影響を受けました。デューイはまたインストルメンタリズム（道具主義）という言葉とともに有名です。インストルメンタリズムとは大辞林によれば「概念や判断は人間が環境に適応して行動するための道具であり、その正しさは現実に適用された場合の有効性によって決まる説」とあります。つまり、デューイは観念論を乗り越える形でインストルメンタリズムに行き着きました。デューイにとってプラグマティズムはインストルメンタリズムそのものということと思います。インストルメンタリズムによれば結果が重要になりますので、仮説など理論的なことは時と場合によって変動することになります。また観察不可能なことについては議論ができないという立場にもつながります。さらにインストルメンタリズムは実験的要素が強いという特徴を持ちます。デューイは自身の考えを教育に応用したことでも知られています。

哲学の終焉を論じた現代哲学家のローティ（1931－2007）はデューイを高く評価しています。それは、デカルトやカント以来の哲学が認識論を主体に真理に至る論理体系を構築しようとしたことに対し、インストルメンタリズムはそれを単なる道具であるとして認識論の重要性を捨てたからだと思います。

デューイが指導したワトソン（1878－1958）は行動主義を起こしました。行動主義とは外的刺激に対して観測できる行動のみを研究の対象にするものです。つまり、内観法に頼らないということです。主観的な意識は解析の対象外となります。外的刺激に対しての反応という意味では連合主義の流れも入っています。行動を観測しますので、そのデータ処理ということで関数ということが重要な要素の一つになります。またワトソンは生理学者パブロフ（1849－

1936）の影響も受けています。行動主義の手法は動物でも展開が可能ですので、動物心理学の発展につながりました。一九七〇年代に自然科学のライフサイエンスの分野でトランスジェニックマウス、さらには一九八〇年代にノックアウトマウスの作製法が確立し、遺伝子改変マウスが普及しました。個体レベルで行動を観察する行動科学が分子生物学分野で一世を風靡しますが、病理学、生理学だけでなく動物心理学の歴史があってこそのものでした。

ワトソンの流れにスキナー（1904-1990）がいます。スキナーはオペラント学習で使用するスキナーボックスで知られています。スキナーは、行動は環境によって決定されると論じました。その考えは環境を変えることで治療する行動療法につながっていきます。

行動主義の流れに新行動主義があります。その違いは新行動主義では刺激と反応の間に有機体を入れたということです。つまりワトソンが排除した意識というものをもう一度組み込んだことになります。S（刺激）-R（反応）からS-O-Rになりました。Oは有機体です。新行動主義の代表者にハル（1884-1952）、トールマン（1886-1959）がいます。なおスキナーも新行動主義者に入れる場合もあるようです。今の認知科学につながっているという点ではトールマンは重要と思われます。トールマンの特徴は期待、認知地図といった要素をOの部分に持ち込んだことです。コフカ（1886-1941）からゲシュタルト心理学を学んでいたことが影響したようです。つまりトールマンの心理学は認知心理学の先鞭となりました。

意識と無意識

米国を離れヨーロッパに話を戻すことにします。生物学と心理学の関連性に着目した人物にピアジェ（1896－1980）がいます。発達心理学を発展させました。

フロイト（1856－1939）に少し触れてみます。フロイトの功績は精神分析学を打ち立てたことですが、無意識を哲学の対象にしたことも重要と思います。我思う、故に我有りという言葉に代表されるように、それまでの哲学は基本的に意識に上るものを扱っていました。その意味でフロイトの斬新さが分かります。

もちろん無意識について先駆者はいます。ライプニッツ（1646－1716）の微小知覚は今で言う無意識のことだろうと論じられています。ヘルムホルツ（1821－1894）の無意識的推論はフロイトに影響しています。無意識という言葉自体はシェリング（1775－1854）だろうと言われています。自己意識とは自我の自己把握のことですが、その自己意識が客観的なものになった状態をシェリングは「意識で無い」としました。また、エドゥアルト・フォン・ハルトマン（1842－1906）は「無意識の哲学」を著しました。ドイツの哲学者です。意志と理性が統合した根源的なものを無意識としました。ここで言う意志とはショーペンハウアーの考えた意志であり、理性とはヘーゲルの考えた絶対者の理性のことで主観と客観の統一による理念のことです。ハルトマンの無意識論は社会の無意識という意味で展開し、ヨーロッパの象徴主義、デカダンスにつながったとも言われています。当時のヨーロッパは社会進化論の影響で衰退的な社会ととらわれていたことも影響しています。象徴主義と言いますとボードレール（1821－1867）が有名です、自然主義に対抗する形で生まれました。自然をそのまま脚色すること無く描く自然主義に対し、象徴主義は魂の叫びと言いますか内に感じたもの感受性豊かに表現しました。ちなみに自然主義は歴史的にロマン主義に対抗する形で起こっています。

フロイトはシャルコー（1825－1893）のもとで学んだことでヒステリー研究に関心を寄せました。シャルコーは今でいう脳病態学の大家です。なお、脳病態学、精神医学の大家としてはクレペリン（1856－1926）の名前を挙げておく必要があります。ヴントと一緒に仕事をしたこともありました。早発痴呆（統合失調症）と躁鬱病の二大潮流のもとになる概念を提出しました。弟子にアルツハイマー（1864－1915）、レビー（1885－1950）がいます。

フロイトの流れで無意識を扱かった心理学としてはアドラー（1870－1937）、ユング（1875－1961）がいます。フロイトはリピドーという言葉で有名ですが、リピドーとは心的なエネルギーのことです。フロイトはリピドーを性に向かうものとしましたがユングは性に限定しない幅広いものととらえました。フロイトは無意識を意識との対立関係、抑圧という視点でとらえましたがユングは無意識と意識を相互補完的なものととらえました。またユングは無意識に個人的なものと集団的なものがあるとしました。フロイトの流れは精神分析学、ユングの流れは分析心理学と呼ばれています。アドラーの心理学は個人心理学とも呼ばれています。人の心はフロイトの言うように分けられないという意味での名称です。アドラー心理学では今何かの行動があるときにその原因を過去に求めるという考えをしません。今行われている行動は何かの目的を果たすためにとられたものだという考え方をします。

行動主義、精神分析、ゲシュタルト心理学は当時心理学の三大潮流でした。その後どのように心理学が変遷したかについて触れてみます。哲学の流れとあわせていよいよ最終章に入っていきます。

第六章　二十世紀以降の哲学、心理学、脳科学

認知心理学

認知心理学は自ら起こったというよりも外的要因がその形成を促したととらえた方がわかりやすいかもしれません。認知心理理学は脳内情報処理の観点からの心理学です。ちょうどこの頃、シッカートに端を発するコンピューター科学が発展してきていました。情報科学の流れが心理学に入り込みました。たとえば、S－O－Rと言う新行動主義の考え方は情報科学となじみやすいところです。また既に触れたように、ゲシュタルト心理学では知覚する自分と知覚された現象との間にある作用関係を全体的な形態（ゲシュタルト）としてとらえていこうとしていました。作用関係を情報処理と見立てるならば、ゲシュタルト心理学が認知心理学につながっていったのはうなずけます。また、ソシュールのところで触れましたが、言語論の発展から構造主義が生み出されつつありました。構造主義は、現象の体系を記号的にとらえ、その関係性を構造的に分析するものですが、情報科学にもその分析的手法は有用ですし、脳内情報処理の構造の分析にも有用です。以上のような状況が重なり合って、認知心理学が生まれてきました。認知心理学という言葉自体はナイサー（1928－2012）が一九六七年にまさに「認知心理学」という本を出版

したことで確立していきます。

他方、認知科学という言葉もあります。こちらは計算科学、情報科学の流れとしてとらえられます。初期は、人工知能についての学問で、コンピューター理論などが主体でした。人間の知を大型コンピューターで解析しようというようなもので、認知心理学とは差異がありました。しかしやがて、脳科学、神経科学の進展とともに、生理学、生物学などの視点が認知科学にも、認知心理学にも流れ込んできます。分子生物学や脳機能イメージングに関わる諸技術諸学問がさらに両学問分野を巻き込んでいきます。つまり現在は、認知神経科学という大きな分野が発展してきており、認知心理学を包含しつつあると言うこともできます。認知神経科学はまた神経科学・脳科学に包含されるようなことになっています。脳科学は自然科学だけでなく、人文・社会科学系領域にも浸透しています。人間をテーマにした場合は哲学とも交流を持つ分野となってきています。例えば、脳機能イメージングを使えば意識の問題等々について、神経科学的な答えを出すことも可能になってきています。哲学がそれまで課題としていた問題にも自然科学が取り組める道が開きました。つまり、ヴントの頃に、心理学は哲学から独立しましたが、今は神経科学・脳科学という大きな枠組みにおいて、哲学との再邂逅が行われています。

ジェームズの哲学

では一端心理学から別れた哲学のその後を追ってみます。

ジェームズとベルクソン（１８５９－１９４１）のつながりを見ます。ジェームズのキャリアは最後は哲学者でした。哲学者としての功績は意識の流れと純粋経験の論にあります。ジェームズは意識に時間軸というものを入れて、意識を流れとしてとらえました。意識の流れは、意識とは一枚一枚の写真をならべたものでなく、映画のようなものだということです。ベルクソンの言う持続に近いものと思われます。純粋経験は主観、客観が成立する前の直接の経験のことです。シェリングの考える無意識に近いものかもしれません。ショーペンハウアーの意志にも近いかもしれません。ジェームズはまた中立一元論でも有名です。中立一元論とは、実在論に関してですが、実在とは心的なものでも物質的なものでもないとしました。ジェームズは真理の解釈にプラグマティズムの考えを応用しました。真理は実用的に見て有効性があった場合に真理であるというものです。表面的には打算的な真理のように思われますので、批判も大きかったようです。しかし、これらのジェームズの考えはショーペンハウアー、ニーチェの流れを乗り越えることに貢献しました。悲観は余り実用ということには向きません。

ジェームズの純粋経験の考えは西田幾多郎（１８７０－１９４５）や鈴木大拙（１８７０－１９６６）に影響を与えました。西田の考える純粋経験は主観も客観も無いという点でジェームズに共通的です。禅における無のようなものでしょうか。

ベルクソンとメルロ＝ポンティ

ベルクソンはノーベル文学賞を受賞しています。超常現象にも造詣があり、英国心霊現象研究協会の会長も務めました。哲学者としてはジェームズの意識の流れと純粋経験に強く影響を受けています。進化論の影響を受けただけでなく進化論を社会に応用したスペンサー（1820－1903、社会進化論で有名です）の影響も受けました。ベルクソンの役割は、デカルト以来の二元論に挑戦したことと、ショーペンハウアー、ニーチェと続いた生への悲観的観点を変えることでした。ベルクソンは心身問題については二元論者でしたが一元化、一体化の方向性に挑戦したわけです。精神と物質が共通的に作用する場としてイマージュの概念を出しました。また、精神に時間の概念を取り入れ、時間非依存的であった古代ギリシア以来の理性の概念を変えようとしました。たとえば直観を持続という言葉でとらえようとしました。また意識については、進化論を応用し、宇宙進化に繋げ、「生命の跳躍（エラン・ヴィタール）」により生じるとしました。ベルクソンが生の哲学の創始者の一人とされる所以はここにあります。また記憶を取り上げ、意識との関係を言語論も取り入れ考察しました。記憶されたものが意識にのぼるということです。ただし、ベルクソンにおいても認知神経科学の香りをかぐことができます。ただし、ベルクソンは意識は実体としてあり、脳イコール意識とはとらえていませんでした。このあたりは超常現象に理解を示したことも関係があるかもしれません。ちなみに、生の哲学は実存哲学につながり、実存哲学は構造主義に取って代わられます。

ベルクソンの考えはメルロ＝ポンティ（１９０８－１９６１）につながっていきます。松岡正剛さんの「千夜千冊」の記述によればメルロ＝ポンティの哲学は「ベルクソン哲学にフッサールの現象学とゲシュタルト心理学がくっつき、そこにマルクス主義が接ぎ木されたもの」とあります。メルロ＝ポンティの役割は哲学において身体というものを前面的に取り上げたことです。身体図式という概念を出し、習慣という要素を考慮しました。心身相関の進化形といえるかも知れません。さらに、合目性のシステム論的な考えも見られます。ここにも認知神経科学のうごめきがあります。

フッサールと現象学

少しフレーゲ（１８４８－１９２５）あたりに遡ってみます。フレーゲの新しい論理学はフッサール（１８５９－１９３８）にも影響しました。フッサールは当初数学者、心理主義的心理学者でした。心理主義とは心的現象からものを実証的にとらえようとする考え方で、哲学においても見られます。数学のことを心理作用から、つまり心理主義的論理学で説明しようとし、フレーゲから批判されました。その後フッサールはブレンターノの志向性を取り入れ哲学における客観的論理学の構築をめざし現象学を打ち立てていきます。

それまでの哲学では「客観的なもの」を論議の対象の一つにしていましたが、「自明の理」的なものだろうとして特に考慮せずに処理されていました。しかしフッサールは改めて問います、「客観的なものは何か」、と。結論は、目の前にある現象、知覚する現象を認識論的に分析し、真理に迫ることでした。フッサールの取った方法は思考のベクトルを主観が原因で客観が結果とするものでした。これが現象学という学問です。詳しくは第一部第三章に書きましたが、現象学は分析哲学と並んで二十世紀の二大潮流を形成します。しかし他人を現象論的にとらえられるけれど、他者が考えていることなどについては真の理解はできないということでフッサールの現象学自体は限界が露呈します。ただし、現象学は意識や志向のあり方もそうですが、システム的な論理体系を取り入れたことで認知神経科学的な貢献を果たしました。論理学としてはフレーゲは言語の方へと流れ、フッサールは現象学の方に流れたとまとめることができます。

なお、フッサールも時間について音を題材に述べています。ベルクソン同様時間を持続ととらえました。意訳すれば時間は記憶の中にあるというところでしょうか。今の意識に過去と未来のことが既に含まれていて、時間の概念が生み出されると言い換えられるかもしれません。

ハイデッガー

フッサールに影響を受けた一人にハイデッガー（１８８９－１９７６）がいます。神学を学んでいましたがブレンターノ（１８３８－１９１７）や新カント派の影響を受けフッサールの助手を務めました。ブレンターノは志向性ということを論じました。志向性とは意識は常に何ものかに向いているということです。ハイデッガーはナチスとの親密性から第二次世界大戦後相当な批判を浴びました。ハイデッガーはまたハンナ・アーレント（1906－1975）との交流のことでも有名です。戦前に愛人関係であった二人が戦後時を経て再会し、互いに家庭がありましたが反ナチスであったアーレントがハイデッガーの名誉回復に協力したわけです。アーレントは戦後に著した「イエルサレムのアイヒマン」により大論争の渦中の人物になりました。一連のストーリーは映画にもなっています。

ハイデッガーは存在とは何かを追求した哲学者と言ってもよいかもしれません。ハイデッガーはそれまでの哲学における存在論を批判しました。本来「存在」を論じないといけないのに「存在」者あるいは「存在」物の認識でもって「存在」を論じてきたというわけです。存在を存在者の現前性と規定することが金科玉条のようになっていたというようなことです。意識として今現れ出ていることが現前性ですが、ハイデッガーは、「存在」と「存在者」は分けるべきだと考えたわけです。そして存在者を認識する存在として現存在というものを考えました。たとえば「私という存在者」を生み出す「私」が現存在ということです。存在者を生み出すわけですから、現存在は私という人間でなくてはなりません。

「私という存在者」を認識する「私」が現存在としますと、「現存在の私」は「存在者の私」よりも時間的に先に存在することになります。つまり存在論とは時間を軸にした議論ということにもなります。さらに、ハイデッガーは世界という物は自分の周りに実際に存在するもので、観念的に自分とは別の所にあるのではない。つまり自分も存在している舞台が世界（世界内存在）であるとしました。またその世界は道具と切っても切りはなせなく、道具連関の世界であるとしました。この場合の道具とは道具主義の道具のことではなく現実社会で使用する道具のことです。存在物（存在者）は単に転がっているのでなく、現存在にとって現存在の目的に必要な道具であるということです。このあたりはアフォーダンスの考えに通じるところがあるかもしれません。

ハイデッガーの思想は後の実存主義につながり、また現世界の考え方は死をはじめ時代に対する不安をテーマにすることになりました。この辺りから、デカルト、カント以降認識論が主流であった哲学の中に存在論が復活することになります。

実存とは現実存在のことです。アリストテレスの時代に質料と形相という考え方がありましたが、概念的にはそこまで遡ることができます。質料は existence につながり、形相は essence につながります。存在と本質という意味ですが、哲学用語としては existence が現実存在、essence が本質存在になります。アリストテレスは現実存在が優位と考え、プラトンは本質存在を優位と考えました。実存主義は人間の実存が本質に先立つととらえました。

現象学はハイデッガーを間に入れる形でフランスにおいてサルトル（1905－1980）、メルロ＝ポンティに受け継がれていったわけです。

ラッセルと記号論理学

言語の流れを見てみます。まずラッセル（1872－1970）です。ラッセルは師のホワイトヘッド（1861－1947）とともに記号論理学を集大成しました。ラッセルはフレーゲに提出したラッセルのパラドックスで有名です。床屋の話が良く例で出されます。村でたった一人の男性の床屋が自分でひげを剃らない村の人全員のひげを剃り、それ以外の人のひげを剃らないとした場合に、床屋自身のひげは誰が剃るのかという問題です。フレーゲの論理学の矛盾を指摘したものでした。フレーゲ自身は明確な解を出さないまま亡くなりますがフレーゲの論理学が世に広く知られるきっかけになりました。ちなみに、ラッセルのパラドックスは集合論に関するものですが、階層性を取り入れることで克服されています。自分自身を集合に入れてはいけないというわけです。自分自身を含めると無限集合になり、集合とは見なせなくなるというわけです。その他のパラドックスとともに、その克服のため作られたのが数学基礎論となります。現代論理学は記号論理学、すなわち数理論理学の発展によりアリストテレス論理学時代には想像が付かなかった進展を見せています。

論理実証主義

フレーゲ、ラッセルの流れはヨーロッパにおける分析哲学の創始になりました。これにより、カントのアプリオリな総合判断というものは否定されました。先に書きましたように、代数はアプリオリな総合判断でなくアプリオリな分析判断だからです。

創始期の分析哲学は思考の元になる言語を分析する学問としてスタートしました。つまり文章の持つ意味の明確化による論理体系です。マッハ（1838‐1916）の実証主義と合流し、論理実証主義へとつながりました。マッハは音速の時に出てくるマッハ数のマッハです。実証主義とは、自分の目で確かめない限り真実とは認めないということです。マッハのニュートン批判が相対性理論の発見につながったとも言われています。自然科学では実証というものを要素の一つにしますので、哲学が自然科学の手法を取り入れたともとらえられます。行動を扱うか扱わないかという点を除けば論理実証主義はデューイの言う道具主義、パース、ジェイムズのプラグマティズムに近いものがあります。実際に同義ととらえる人も多いようです。事実、プラグマティズムは論理実証主義が米国に輸入されると論理実証主義に包含されるような形になっていきます。その後論理実証主義はカルナップ（1891‐1970）が大成していきます。

論理実証主義の形成にはマッハの他、後で述べますヴィトゲンシュタイン（1889‐1951）の影響がありました。学問の場としてはウィーン大学のシュリック（1882‐1936）が中心となりましたので、論理実証主義はウィーン学団で発展したとも言われます。検証できない場合は科学でなく、経験科学的な要素も含み検証できないことは無意味としました。検証できない場合は科学でなく、形而上学となります。

論理実証主義に対してはポパー（1902－1994）の批判がよく知られています。科学の基準として実証性を問うのでなく反証性を問うべきだという指摘です。無いものを実証するのは不可能ですし、全てそうだというのも実証は不可能です。科学は帰納法に用いるべきだということです。ポパーは時代が過ぎれば科学の対象になるかもしれないということで形而上学的な命題も排除しませんでした。ポパーの考えに立ちますと、未知のものを仮説として想定しその検証に向けて実験を行うことが可能になります。

論理実証主義は米国に渡った哲学者らにより継承されプラグマティズムとの合従もありました。しかし米国でもクワイン（1908－2000）、クーン（1922－1996）、パトナム（1926－2016）らから批判を受けいわゆる分析哲学へと移行していきます。その移行については第二次世界大戦でウィーン学団が離散したという政治的要因もありました。ウィーンに留まったシュリックは学生により殺害されるということがありましたがシュリックの死亡も論理実証主義が継続しなかった理由の一つになります。なお現代で分析哲学を広義に語る場合は、フレーゲ、ラッセルの創始期も包含し、論理実証主義も分析哲学の一つの分野ととらえて考えるようになっているかと思います。

なお論理実証主義については数学におけるゲーデル（1906－1978）の公理系に関する不完全性定理も重要です。無矛盾なら不完全ということです。ある体系で無矛盾であればその体系では無矛盾性の証明も反証もできないということです。数学では真偽が決定出来ないことになります。論理実証主義への警鐘となりました。

科学的実在論、反実在論

論理実証主義に対向する用語として科学的実在論がよく上げられます。科学的実在論は簡単に言いますと、理論とは独立して対象は実在する、という考え方です。この場合の実在は実在論で言う実在です。本質存在です。逆に、実在を語るとき既に理論が用いられているものを科学的反実在論と言います。実在は否定はしないけれど科学的実在論に反対する論という意味です。ややこしいのですが、科学的反実在論はイコール論理実証主義ではありません。さらにややこしいのですが、実在そのものを否定する場合も科学的反実在論と呼ばれることがあります。この場合は非実在論と同じ意味になります。道具主義のところで概念や判断は道具ととらえるということを述べましたが、概念や判断を理論という言葉に置き換えれば前者の科学的反実在論は道具主義と同義的になってきます。観測できない場合は実在を知り得ないという道具主義の立場は実在を否定するとも肯定するとも言っていないと思いますが、実在そのものを認めない立場が道具主義であるという説明も散見されます。いずれにせよ、論理実証主義では対象にならなかった形而上学的なことも、論理実証主義に対するその後の批判から、我々は未知のものを仮説として想定し、その実証に向けて実験を行うことが可能になりました。

ラッセル、マッハあたりの時代からは哲学が自然科学を参考にするという昔では考えられない一種の主客転倒が当たり前のようになっているのが分かります。昔は哲学が母屋でした。つまり時代を経て認識論が自然科学の対象となっていき、実在論がまた哲学の分野で議論されるようになったわけです。

ヴィトゲンシュタイン

ラッセルの学生にヴィトゲンシュタイン（1889－1951）がいました。前期ヴィトゲンシュタインとか後期ヴィトゲンシュタインと分けて言われています。つまり前期と後期で主張が異なったからです。ただし、言葉とは何であるか、言葉の意味とは何であるかを前期も後期も追求したことに変わりはありません。前期の代表的な主張に「語り得ないことについては沈黙せざるを得ない」というのがあります。論理実証主義や道具主義に見られる考えです。記号論的に形而上学を語るには無理があるということです。前期の課題は私の意識にあるのは私的言語であって、相手も理解できる普遍的な理想言語ではない、ということです。したがって前期では人工言語がテーマになったわけです。後期では日常言語がテーマになりました。そういう意味ではソシュールと接点が生じています。言語界をシステム的に、全体的にとらえて、因数分解のように解析していきます。言語と生活は一体化しているので生活形式ということを設定し、その中で行われる言語活動を言語ゲームと表現しました。言語ゲームのルールに必然性はないこと、従って普遍的な本質はないという主張になります。哲学的にも衝撃でしたが、教育界など様々な分野に影響しました。狭義の分析哲学が日常言語を題材にするということは既に書いたとおりです。ヴィトゲンシュタインはマッハたちが築いたウィーン学派と一時交流がありました。この中にカルナップ（1891－1970）がいました。ちなみにゲーデルもアメリカに渡る前はウィーン学派でした。

クワインの登場

先に書きましたように論理実証主義はクワイン（1908－2000）によって見直されます。クワインはその著「経験主義の二つのドグマ」（1951）で論理実証主義に壊滅的なダメージを与えました。一つは論理実証主義が依拠していた分析命題（分析判断）と総合命題（総合判断）は明確に区別されるということに対してです。分析命題と総合命題はカントのところでも触れましたが、主語の概念に関わるものです。時代が下り、定められた法則のもと明らかに真であることをいっているような命題は分析命題、経験的な検証が可能な命題を総合命題と位置づけられるようになっていました。クワインは両者は相対的なもので明確な線引きはできないとしました。

さらにクワインは論理実証主義の中心であったカルナップが唱える、実験結果と仮説は一対一に対応する、ということを否定しました。論理実証主義ではその考え方は経験に基づいた一つの言語(脈絡)に還元できるとしていました。クワインが伝えたのは、実験結果と仮説に不一致があった場合は、論理体系から考えられる一連の仮説のどこかに間違いがあるということだけである、というものでした。この後者の考えは、デュエム（1861－1916）が物理学で見いだしていたものを広げたものです。デュエムは物理実験の場合理論に加えて測定機器にも仮定が複数存在しており、観測結果と理論が一致しない場合、理論に誤りがあるのか機器に誤りがあるのか決められないということを言いました。複数の仮説や仮定から成り立っている実験系の場合、個々の仮説の間違いを指摘できず全体として間違いであるとしか言えないということです。今は両者の名前を取ってデュエム・クワインのテーゼとも呼ばれています。いわば、交絡要因を全て排除しないかぎり結論づけることは無理でしかも交絡要因は排除しきれない、ということかと思います。クワインの論の意味するところは全体的に見ないとものごとは語れないということと思います。この考えをホーリズム（全体論）と呼びます。

経験は仮説を生みます。仮説の集合体が理論となります。しかしこの理論に基づいた体系では特定の仮説に対してのみの検証は難しいということになります。クワインに従えば要素還元主義的な科学は前に進めないということになるかもしれません。そういう意味ではホーリズムは要素還元論と対向するものです。要素還元論に対する言葉としては複雑系というものがあります。複雑系ではシステムという言葉が大事になります。システムとして調和が取れているかどうかをみる複雑系は、ホーリズムの考えに含まれるものとするようです。

ホーリズムは仮説の一部を修正すればまた論として成り立つと思います。その意味では相対主義的です。一部を修正すれば成り立つということは実用化ということを考えた場合に大変ありがたい考えになります。つまり科学は何のためにあるのかというと、真理の探究でなく生活のためであるということになります。クワインはプラグマティズムの推進者ともなりました。クーンたちと併せ、その考えはネオプラグマティズムと呼ばれています。相対主義的な学問です。いずれにせよクワインの批判以降、論理実証主義は廃れます。

クワインはまた言語論においても同様な不確定性を示します。翻訳の不確定性を論じ、異なる言語体系を理解する上で複数のマニュアルが理論上存在することを示しました。社会文化学、言語文化学的に影響を与えました。

クワインに影響を及ぼした人に論理学者のタルスキ（1901－1983）がいます。タルスキはゲーデル、カルナップにも影響を与えました。タルスキはバナッハ・タルスキの定理で有名です。ビー玉を分割していくと元と同じ大きさのビー玉が二個になるという大変楽しいものです。ミソは三次元の物質を四次元の数学の世界に展開するところです。理論上はビー玉の話は可能なのですが、現実にはビー玉を分割できる道具、つまり理論を実現可能にする道具がないということで、夢の話に終わっています。

クーン

クーン（1922－1996）はパラダイムという用語とともに語られます。既に述べましたようにポパーは反証可能性を科学の基準としました。これに対して、クーンは科学の基準をパラダイムの有無に求めました。パラダイムとは科学者の間で共有された研究上のお作法、規範というような意味です。もともとは範例を意味します。共有された考え方といっても良いかもしれません。一定の線が引かれた領域内の考え方といってもよいかもしれません。クーンは科学の変遷はあるパラダイムが異なったパラダイムに移ることで生じると考えました。その後拡大的に解釈され、パラダイムシフトという言葉が広まったことは周知の通りです。

ポパーの考えでは、反証例が出ますとそれまで使用していた理論を捨てる必要があります。つまり理論を捨て次の理論を取り入れる作業が科学の変遷、科学革命が生じるもとになります。クーンの考えですと、反証例が出てもパラダイムシフトが生じるまでその理論を維持することになります。クーンとポパーの間で激しい論争がありました。

ラカトシュ（1922－1974）はクーンの論と師であるポパーの論の癒合的発展を考えました。一言で言いますと、パラダイム論の中に反証可能の部分を織りこんだということになるかと思います。ハードコアの部分とその周辺を取り囲む反証可能な部分を考えました。ハードコアとその周辺を併せてリサーチプログラムと呼んでいます。

非法則論的一元論

クワインの哲学を継承したのがドナルド・デイヴィッドソン（1917－2003）です。翻訳の不確定性はそんなに急には生じないとしました。デイヴィッドソンは心身問題でも重要人物です。心身論に関しては非法則論的一元論で有名です。

因果性があるところには法則性が存在します。デイヴィッドソンは心的出来事と物質的出来事が同一としました。心的出来事と物質的出来事に因果性があると考えたからです。厳密には心的出来事というトークンと物質的出来事というトークンは同一と言うことです。しかし、全体としての心的出来事、つまりタイプとしての心的出来事には因果性がないため非法則としました。ここで言うタイプ、トークンとはパースのところで説明したタイプとトークンのことです。なお、非法則は閉鎖系でなく開放系ということも意味します。何かの条件を付けて縛ったり境界を設けたりしないからです。

少し横にそれますが、タイプで見た場合の分け方になりますが、心的出来事と物質的出来事が同一でともに法則性有りが唯物論であり機械論です。心的出来事と物質的出来事は別でともに法則性有りが心身並行論です。心的出来事と物質的出来事が同一で物質的出来事にのみ法則性有りが非法則的一元論です。心的出来事と物質的出来事が別でともに法則性無しが非法則論的二元論です。デカルトの主張は非法則論的二元論です。

なお注意を要しますが、非法則論的一元論は別の見方をしますと心身問題については性質二元論とも言えます。性質二元論とは実体は一種類だけれども心的性質と物的性質の二通りがあるというという考えです。いわば、同一のことを「こころに浮かんだこと」と「神経細胞の活動という物質現象」に分けてみるということです。ちなみに、同じ二元論でもデカルトのような実体二元論はこころに浮かぶことと物質現象を別の存在ととらえます。

性質二元論はスピノザ辺りから出発します。デイヴィッドソンもスピノザの考えを紹介して非法則的一元論を展開します。また中立一元論というものもあります。心的でもない物質的でもないものを想定します。プラグマティズムのジェームズは中立一元論でした。

パトナム

パトナム（1926-2016）は数学、コンピューター分野などでも業績を上げています。心身問題については、心的現象と物的現象のタイプ同一説に反対しました。また機能主義、「水槽の脳」で知られています。「水槽の脳」とは昔デカルトがこの世はすべて悪の霊に操作された仮想現実の世界にすぎないのではないかと考えた思考の現代版です。ある狂気の研究者が居て、当事者である私の脳を取り出し水槽に漬け、コンピューター配線につなぎ私が肉体を持っていた時に見聞きした世の中の出来事や私の思考すらすべて再現したとします。つまり私は「水槽の中の脳」であるわけだけれども、水槽の中の私自身は露ほどもそのことに気づかず私自身であると思っているわけです。言い換えれば自分の現実感というのはいわば水槽の脳を通してみる仮想現実ではないかというわけです。パトナムは論理的に現実世界に対するこの懐疑を記号論理学的に議論しました。

たとえば私が水槽の中の脳であるとして、狂気の研究者から「私は水槽の中に浮かぶ『脳』である」と言わされたとします。しかし「水槽の中の脳」である私は自分の「脳」を体験や経験として見たことがありませんから、水槽の中に浮かぶ「脳」を思い描いたとしてもそれは脳のイメージでしかありません。つまり、実在としての「脳」は語り得ていないことになります。逆に、「私は水槽の中の脳ではない」と私が言ったとしますと、事実を語れていないことになります。つまり自己反駁的になります。

前記はほんの一例ですが、このようにしてパトナムは認識論的懐疑主義を批判し記号論理学的に形而上学的な実在を否定したわけです。形而上学的な実在とは、自分が思っていることが真理であるということです。パトナムの論によれば自分で思っていることが真であることを証明できません。信念として正しいと思っていることが正しいと証明できないということです。パトナムはもともとは形而上学的な実在論を肯定していましたが、批判に転じたわけです。余談ですが、パトナムの「水槽の脳」は映画「マトリックス」に応用されました。

パトナムの論に対する批判はその後いくつか出てきますが、形而上学的な実在論に大きな打撃を与えたことは確かです。言い換えますと、カントのような物自体はパトナムにより否定されることになりました。

自分が思っていることを「意味」という言葉で表現しますと、パトナムは意味の外在主義を取りました。外在主義の反対が内在主義です。内在主義とは頭の中に浮かんでいることの意味は頭の中にあるという考えです。パトナムは初めは内在主義でしたが外在主義に至りました。それにあたっては有名な「双子の地球」論があります。まったく同じ地球が二つあったとします。水も当然あります。しかし、水の分子式が違うとします。片方の地球に住む人は水と言った時にH2Oを意味しますが、もう一つの地球人は水と言った時にはまったく別の構造式になります。たとえ両方ともに透明であったにせよです。つまり同一の内在状態であっても、物理的な要因が違うためにこころの状態としては同一ではないということです。意味を指示するものは外にあるということです。

外在主義ですが、前記のようにこころの状態が環境によって決まるものを内容外在主義と呼びます。外在主義にはこのほかに媒体外在主義というものもあります。行為の動機付けは外付けハードディスクのようなところにあるというような論になります。また、内在主義、外在主義のように何かによって基礎づけられるという考えでなく、バランスによって決まるとする説もあります。なお、パトナムはラ・メトリのような心脳同一説は取っていません。いずれにせよ認知神経科学などの領域と融合することで今後さらに「意味」に関する整理が図られていくと考えます。

パトナムの機能主義、つまりfunctionalismはfunction、言い換えれば関数で考えていこうとする論です。現在の脳科学、神経科学の発展に寄与しています。ただパトナム自身は計算だけではこころはわからないとして機能主義を後に放棄しています。

パトナムは先に触れました科学的実在論と道具主義を比較し、道具主義を批判しました。科学的に実在しないならば科学の成功は奇跡になる、科学的実在論は科学の成功を奇跡にしない唯一の論であるという論法です。奇跡論法と呼びます。奇跡論法にはアブダクションが入っていると言われます。アブダクションとはパースが帰納（induction）、演繹（deduction）に続いて第三の方法として提唱したものです。いくつかの現象から仮定を出しその仮定にそってある法則を推論し結論するという流れがありますが、法則を推論するのが帰納で、仮定を推論するのがアブダクションです。アブダクションは仮説形成とも呼ばれます。ちなみに演繹は仮定が真ならば結論も真であるという推論法です。

実存哲学

実存哲学を少し見てみます。キルケゴールが実存ということに触れ、ハイデッガーが実存主義の流れを生み出しました。実存主義、実存哲学とは、現に存在している自分を考える哲学ということです。言い換えれば、自分で生きろと言っているようなものです。ヤスパース（1883－1969）はハイデッガーのライバルでもあったようですが、実存哲学を体系化しました。精神科医でもありました。ヤスパースはたとえば、死のような極限状態を意識したとき、人は実存に気がつくとしました。ドイツで起こった実存の考えはフランスに伝わります。サルトル（1905－1980）、メルロ＝ポンティ（1908－1961）が有名です。本質は実存の前にあるというのがそれまでの哲学でしたが、サルトルは実存が本質よりも先にあるとしました。人間は自由の刑に処せられているという言葉も有名です。

実存主義は基本的に自分のことを考えるわけですから、傾向としては独我論に陥りやすくなります。つまり、他人が脅威になったりします。これを克服しようとしたのが先に挙げたメルロ＝ポンティ、後述のドゥルーズ（１９２５－１９９５）たちでした。メルロ＝ポンティはサルトルの後輩です。サルトルは人間を無としましたが、メルロ＝ポンティは先に触れたように身体を考えました。環境世界を考え、実存とは環境世界にある身体を持った人間としました。つまり環境ということを取り上げることで、自分だけの世界に閉じこもりがちな実存主義の考え・世界を解放したわけです。知覚は精神による受容ということでなく、行動を生み出すものとしました。また、行動についても多層的にとらえ、人間の行動のあり方を考えました。環境も多層的にとらえました。精神と身体の相互作用も書き著しています。

構造主義

実存主義は一九六〇年代に起こった構造主義に取って代わられます。理由はいくつかありますが、まず実存主義が政治闘争の道具としてイデオロギー化してしまったことがあるかと思います。次には、レヴィ＝ストロース（１９０８－２００９）による批判が大きかったと思います。レヴィ＝ストロースは構造主義の提唱者です。

政治闘争になぜなったかですが、実存主義による考えで社会を変えるという主張が起こったからです。他方、構造主義では人間の行動は構造によって支配されますから、社会は変えられないことにつながります。人間という物を主体に考えるということでは両者は共通ですが、社会論では両者は対立することになります。

レヴィ＝ストロースは哲学者と言うよりもどちらかと言えば人類学者です。未開の時代の思想と比べて、近代ヨーロッパの思想が優れているとは言い難いことを言語論的に説明し、衝撃を与えました。また、交換と言うことを要素としてとらえた場合、近親相姦が禁止される仕組みを構造論的に説明しました。ある部族の女性を他の部族に差し出すことを交換と考えたわけです。たとえば女性を受け入れた部族は財を提供するような形で対応します。つまり、女性の「交換」は部族の維持や発展に必要なことだというわけです。近親婚はそういう女性の「交換」機会を減らすことになります。だから禁止されたという考えです。レヴィ＝ストロースはこれらのことを構成要素論的に考えたわけです。

つまり構造主義とは異なるように見える二つ以上の現象の中に共通的に存在する構造を見つけ出すということです。構造主義、ポスト構造主義でいいますとレヴィ＝ストロースの他、フーコー（1926－1984、哲学者）、ラカン（1901－1981、精神分析）、アルチュセール（1918－1990、哲学者）が有名です。フーコーは社会の規則に人間が支配されること、つまり規格化された人間社会への警鐘を鳴らしました。規格化に働く力を「生の権力」と名付けました。たとえば、個々人の「生きる」ことについても、今はいろいろな健康調査が国家主導で行われ、健康管理という形で管理されています。教育についても学習指導要領の例に見るように一種の規律漬けが行われています。フーコーが権力と民衆を論じるあたりは大道廃れて仁義ありと言った老子の言葉と重なるところがあります。

ラカンは精神分析、たとえばエディプスコンプレックスの仕組みを構造論的に説明しました。アルチュセールは革命など社会の出来事を構造論的に説明しました。エピクロス、スピノザなどの近世における再発見にも寄与しました。

ポスト構造主義は構造主義の批判的継承として一九六〇年代後半頃から起こりました。構造主義もポスト構造主義もフランスが中心です。デリダやドゥルーズ、フーコーらが代表的です。

ポストモダン

リオタール（1924－1998）はポスト・モダンの旗手とも言われています。それは、「ポスト・モダンの条件」を提唱したからです。多様化した社会での情報の重要さを謳いました。リオタールは「大きな物語の終焉」の提唱でも有名です。いわゆる先進国は近代に入り大きな政府ではありませんが大きな知の体系や大きな思想、大きな科学、大きな政治のフレームワークの中で人類の進歩などをめざしました。しかし、二度の世界大戦を始めとする様々な現実が起こりました。先進国の行ったことは人類の進歩に本当に繋がったのかということです。冷戦や巨大な資本主義のもとで個人の尊厳はどこに行ったのかというようなことです。大きな物語をめざしたのが近代（モダン）とすると、その思想が破綻したのがポスト・モダンつまり現代ということです。

ポスト・モダンと構造主義、ポスト構造主義は登場人物的に重なるところがありますが、同一視はせず区別して用いられています。

デリダ（1930－2004）は差延という言葉で有名です。デリダはソシュールの構造主義的言語論の影響を受け、たとえば発語に出る最初の言葉としてはパロール（話し言葉）でなくエクリチュール（書かれたもの）が重要であるとしました。例を挙げますと、突然で瞬間の痛みを感じた時、日本語で「痛い」、英語では「Auch」、フランス語では「Aie」です。同じ内容なのに話し言葉では異なってきます。デリダは話し言葉として発語に上る前に共通の「書かれたもの」があると考えたわけです。この「書かれたもの」は発語された時には消えてしまっています。書かれたものと発語された話し言葉の間にある差が差延に当たります。差延は差異という意味とともに遅らせるという意味をもっています。

デリダによる差延の考えは現前性ということに対して大きな問題を投げかけました。先ほどの例で言えば、口から出た話し言葉は現前の言葉です。しかし、それは先行した「書かれたもの」の「痕跡」に過ぎないわけです。つまり、現前と言うことは過去の痕跡に過ぎないということになります。

ハイデッガーのところでも触れましたが哲学は存在ということを説明するのに現前性という規定を使ってきました。もう一度書きますと、意識として今現れ出ていることが現前性です。デリダはハイデッカーを受け継ぐ形で「哲学とは現前の形而上学」であるとして批判しました。ハイデッガー同様それまでの存在論に疑問を投げかけたわけです。およそ哲学は意識に今上っていることに対して特権化してしまい、その正当性を疑ってこなかったということを批判しました。近代の哲学に関してもデリダはたとえばフッサールを批判しています。フッサールは時間を持続ととらえ、今という現前性を重要視しました。しかしデリダにとれば、今という現前性そのものが怪しいというわけです。音声中心主義に基づいた現象学の議論ではだめだということです。

差延の議論は意識や同一性というような哲学の根本的なところを揺るがしました。意識に関して言えば、現在は過去の差延として現れているということになります。同一性について言えば、「現在」に立脚した同一性の論議は意味を持たなくなってきます。同一性を論じるには時間というものを指標に取り入れることが必要になります。つまりデリダによれば、西洋哲学が伝統的に使用してきた「主観」と「客観」など常に何かと何かを対比させる二項対立はそもそもの根拠が崩れるということになり、どちらが優位であるとかは決められないことになります。なぜなら差延がある限り常にズレやブレを生み出すからです。ズレやブレがあっては優劣の判断はできません。この二項対立のあり方を崩していくことをデリダは脱構築と呼びました。

言語の構造を考えた場合、記号という要素に最小化できるかと思います。同一性を論じる時、記号は反復可能性を持たねばなりません。たとえば、昔の「富士山」と今の「富士山」が同一であるか、つまり同じ富士山であるかを議論する時に、「富士山」を意味する記号は同じでなくてはなりません。違ってはそもそも比較ができません。記号としての意味がなくなるかと思います。しかし、昔の「富士山」と今の「富士山」が同一だと結論する時においてもいったん昔の「富士山」

『と』今の「富士山」を比較して、そしてそれから同じ「富士山」だと意味づけています。つまり同一性を言う前に既に差異を論じていることになります。富士山という記号は反復可能性があるのに差異を持つことになります。デリダはまさに記号論から差延と同一性のことを考えたわけですが、結論は記号自体に決定能はないということになります。

デリダの脱構築や同一性、差延の論議は社会にも適用することができます。ただ、常に優劣が決まらない社会になってしまいます。それでは実社会で困ることが生じます。ハーバーマス（1929－）は差延や脱構築の考えは日和見主義になると批判しました。ただ、差延という言葉はその後一人歩きし、様々な分野において「差延化」ということが言われました。「経済振興のための差延化戦略」などが良い例です。ズレやブレを強調するときとか、通常のスパンよりも長いスパンで物事を考えるような時にも差延という言葉が拡大解釈され使用されたのは記憶に新しいところです。

ちなみにデリダの脱構築はリオタールの漂流に通じるところがあるようです。ドゥルーズの逃走線にも通じるようです。そうしますとベルクソンの流れ辺りまで遡るかもしれません。逃走線とは従来のカテゴリーでない考え方を始めるときに使う思考です。欲望がルールから外れた動きを生み出す。この脱コード化が逃走線です。リオタールの漂流というのは、流れに合わせるかのように流れつつ実は方向が変わっていくことかと思います。しかし行く先はわかりません。このあたりはまるで方丈記の記載を見るようです。「久しくとどまりたるためし無し」のあと「うたかた」はどうなったか、「しかももとの水にあらず」ということなら先にあった水はどこに行ったのでしょうか、ということをつい考えてしまいます。

ドゥルーズ（1925－1995）はスコトゥス、スピノザ、ヒューム、ベルクソンらを研究し、同一性を論じました。存在に関する同一性です。同一性を考える上で、ベルクソンの時間（精神的時間）に関する考えを引き継ぎました。時間軸を伴って反復することから差異、つまり存在や存在者の違いが生じるとしました。差異というのは何かと何かを比べることで分かるわけですが時間軸を入れるとそれは先行事例との比較になります。普通は反復毎に差異をなくすことで同一化の方向に向かうと思うのですが、ドゥルーズは反復することがむしろ差異を生じるとしました。つまり反復と差異は二項対立としてとらえないということです。生物学、発生学と結びつけて、受精卵が細胞分裂をして発生していく様になぞらえました。細胞分裂を反復とすれば次から次に生みだされる細胞は差異の表れということかと思います。つまり、ドゥルーズの考えは時間的空間的なシステムの形成概念にもつながります。

ドゥルーズについては精神科医ガタリ（1930－1992）との共著が有名です。哲学と科学の違いが語られ、哲学は概念を創造し、科学は機能を取り上げるとしました。食物連鎖のような連鎖の考えを入れた多様な社会システムとしてリゾームを提唱しました。

なお、ドゥルーズの著したスピノザに関する本はスピノザ論の集大成とも言われています。

環境と人間

少しメルロ＝ポンティ、ドゥルーズ辺りに戻ります。環境という言葉が重要でした。ジェームズ・ギブソン（1904－1979）は光、視覚の研究を行いました。若い頃ゲシュタルト心理学者であったコフカの影響を受けました。アフォーダンス理論を展開しました。アフォーダンス理論とは人間は知覚しているのでなく、環境により知覚させられているという理論です。直接知覚論です。情報は環境の中に存在し、知覚とは人間が主観的に脳の中で構築するものではないという理論です。コンピューター問題の解決にヒントを与えました。それまでは人間が主観的に知覚し、例えば頭の中に知覚地図というようなものを作るというのがデカルト以来の伝統的考えでした。そうすると、ロボットを作っても知覚地図というようなフレームの中でしか対応できないことになります。またありとあらゆるフレームに対応したプログラムを用意しておく必要があります。つまりまっとうなロボットは作れないというジレンマがあったのですが、アフォーダンス理論はこれを解決するわけです。人間にはフレーム問題はありませんから、人間に近いロボットを作るヒントを与えたわけです。

さて、ギブソンは直接知覚論ですから、知覚という現象は脳でなく環境側で起こることになります。つまり、心は環境にはみ出すという言葉につながるわけです。

環境との関係ではベイトソン（1904－1980）も有名です。環境と自分を考える上で、サイバネティクスの理論を使用しました。サイバネティクス自体はベイトソンの友人のウィーナー（1894－1964）が言い出した通信情報制御に関わる理論のことです。ベイトソンはもちろんですがそれ以外の多分野に影響を及ぼした理論です。ベイトソンはいわゆる人間と環境が一つのシステムと成り、個々の人間の精神レベルを超えた上のレベルでの精神というものを論じました。

ギブソン、ベイトソンの考えは「環境に拡がる心」（河野哲也、勁草書房、2005）という概念でとらえられる場合があります。こころはどこにあるかという問いに対して、脳の中にあるだけではないというとらえ方です。環境と人間が作り出すシステムの中にこころがあるという考えです。脳科学の分野で言うブレインマシーンインターフェース、ニューロフィードバックもとらえ方次第では拡張したこころという考えに沿うことになります。

マトゥラーナ（1928－）とバレラ（1946－2001）はオートポイエーシスという概念を提出しました。オートポイエーシスとは生命システムの自律性に関する概念で、自己が自己の構成要素を自己生産して維持発展するという考えです。この場合システムは円環系として閉鎖しています。動的平衡という考えにつながると思います。

こころはどこにあるかという問題に対して、環境とこころが一体となったシステムを考える哲学論、こころが環境にはみ出るという言葉は私が第二部を書きつつ探してきたものかもしれません。第一部第三章に書いた学生さんの考えに少し近づけた気がいたします。

政治哲学

政治哲学のことを少し書いておきます。リベラリズムという言葉があります。近代のリベラリズムではジョン・ロールズ（1921－2002）が有名です。それまでの功利主義を批判し、公正、平等をキーワードにした自由が述べられます。リベラリズムによく似たものにリバタリアニズムがあります。政府の介入を考えるリベラリズムと異なり、自由至上主義で政府の関与は最小限にとどめる最小国家論として知られています。経済で有名なミルトン・フリードマン（1912－2006）がリバタリアニズム論者として知られています。対比されるのはコミュニタリアニズムです。コミュニタリアニズムでは白熱教室で有名になったサンデル（1953－）らがいます。共同体の中で人間として完成されるという考えです。また、コスモポリタニズムというものもあります。全世界の人々を同朋ととらえる考え方です。グローバリズムという言葉がありますが、経済からとらえる用語として考えておく必要があると思います。地理学者でもあるデヴィッド・ハーヴェイ（1935－）は新自由主義で知られていますが、グローバル資本主義を批判的に展開したコスモポリタニズムを唱えています。

デヴィッド・ハーヴェイは「ポストモダニティの条件」という書も著しています。ポストモダニティは文化芸術が主に論じられるポストモダニズムと違い、社会を考える言葉として使用されます。ハンナ・アーレント（1906－1975）はその著である「人間の条件」の中で、私的領域と公的領域について述べています。古代ギリシアでは、私的領域は家事に関わる部分で、市民生活は基本公開であったとしています。中世に入ると、公的な公開部分が狭まり、庶民の私的領域は労働を中心とした領域と癒合することで拡大します。つまり、公共性は庶民から離れ、政治は公開されなくなっていったということです。日常の生産的な活動について、労働、仕事、活動に分けて論を展開し、公共空間を議論しました。ユルゲン・ハーバーマス（1929－）は、アーレントの影響を受けたと思われますが、公共圏について述べています。公共空間におけるマスコミの重要性を強調しました。受容と言うことを述べています。ハーバーマスは対話の重要性を唱えましたが、対話は言語ゲームとしてのルールが必要になります。ルールがないと対話は無意味になります。

現代は今のところグローバリゼーションの時代です。哲学もグローバリゼーションの影響を受け、いわゆる大陸系の哲学は米国を中心とした分析哲学の影響を受けるようになってきています。ポスト構造主義と公共哲学、政治哲学が現代の主流となってきています。ただ今後は、グローバリゼーションの中で多極化、多様化が進むのではないかと言われています。これらの哲学がどのような変化を遂げるか今から関心は尽きません。

自然科学と哲学

最後に自然科学と哲学のことをもう一度触れておきます。

心理学のところで生理学のことを書きましたが、実は生理学は哲学とも接点を持ちました。生理学的唯物論という言葉があります。思想も脳の分泌液で生じるということが十九世紀ドイツで唱えられました。フォークト（1822－1893）、モーレスコット（1871－1895）、ルートヴィヒ・ビュヒナー（1824－1899）らです。科学主義的唯物論と呼ぶこともできます。哲学は不要と唱えたようですが、弁証法的唯物論の立場からは俗流唯物論として批判されました。十八世紀のラ・メトリのような機械論よりも低級な唯物論という意味合いも含まれているようです。生物学的唯物論は進化論とも結びつきました。物質が生命を生み、進化によって多様な生物種が生まれたという考えだからです。この流れは化学進化説につながっていきます。生理学と進化学の融合は他方では社会進化論の構築に影響しました。スペンサー（1820－1903）がその先駆者であることは既に触れましたが、やがて社会進化論は強者の論理になり帝国主義の論理に使用されるようになります。優生学的見地から人種差別論につながり、ナチスによる悲惨な歴史を生むわけです。

哲学は最古の学問とも言われます。その中から解剖学、生理学が派生し、生理学の中から生物学、医学が分化し、さらに病理学が生じ、形態学が生まれ、生化学が出てきたともとらえることができるかと思います（もちろん派生の仕方には諸説ありますが）。医学や自然科学は実践的なものとして、哲学の流れとは別に置くことも可能です。医学は診断と治療学が主体となっていきます。つまり、生理学と医学はあるところから別々の道をしばらく歩んでいましたが、それの統合が必要になってきました。その中で生まれた名著の一つがクロード・ベルナール（１８１３－１８７８）による「実験医学序説」です。近代医学生物学の名著はウィルヒョウ（１８２１－１９０２）の「細胞病理学」、ベルナールの「実験医学序説」、ダーウィンの「種の起源」とされています。ベルナールの他、ヘルムホルツなど実験心理学の構築に貢献した人たちにより生理学と医学は再邂逅し、近代生理学へと発展するわけです。

解剖学は学問としてのレベルを問わなければ古代エジプトの頃に遡ることができます。論理的側面が入った解剖学はギリシアで栄えました。やがてアレクサンドリアに移り発展期を迎えます。その中で活躍したヘロフィロス（ＢＣ３３５頃－ＢＣ２８０頃）が解剖学の祖とも言われます。古代解剖学はやがてガレノス（（１２９頃－２００頃））の出現とともにその最後の輝きを増しますが、彼の死とともに終焉を迎えます。万物は神の創造物であるという考えが中心となったためです。近世解剖学の夜明けはヨーロッパに大学が創設され始めた頃より起こり、ルネサンスで発展します。ベサリウス（１５１４－１５６４）が解剖学を体系化しました。なお、ヘロフィロスが活躍した頃、エラシストラトス（ＢＣ３０４頃－ＢＣ２５０頃）もいました。解剖学者でもありましたが、脳や心臓、脈管、消化管などの構造と機能を考えたことから生理学の祖とも言われています。

近世の自然科学、特に生理学の発展は感覚ということを科学の対象にしました。時として、感覚と知覚は混同されますが、哲学的には感覚の情報をもとに何らかの意味づけをするのが知覚になります。たとえば感覚と知覚がずれた場合は錯覚になります。現代に入り脳科学、神経科学の発展は知覚のみならず認知をも対象とすることになりました。理解や判断を伴うものが認知となります。

デカルト以降の近代的認識論においては心身二元論が主流でした。心的現象と身体現象は別個のものとみる考え方です。現代は心身一元論が主流になってきています。この背景には自然科学の発展があったことはいうまでもありません。脳科学、神経科学では脳に存在する神経細胞の活動が意識を生み出すと考える研究者が多数です。つまり多くの研究者が心的現象は脳が生み出すと考えています。脳はまた身体の動きをつかさどることも知られています。身体現象も脳がまた制御していると考える研究者が多数です。心身一元論は心脳一元論と言い換えられる場合もあります。哲学の分野でもベルクソン、メルロ＝ポンティらは認識における身体の重要性を指摘しました。ハイデッカーはデカルト以降認識論、観念論が中心だったところに存在論を復活させました。このような哲学の動きが自然科学の発展と歩調を合わせ心身一元論が中心となっていったわけです。最近は脳の活動を実際に目で見る脳機能イメージングという技術が急速に進歩していま す。哲学と心理学の再邂逅について先に触れました。それに加えまして、哲学と自然科学、特に脳科学との再邂逅でさらに人間とは何かというなにかという極めて重要な命題の解析に向けて諸学問は発展するのではないかと想像します。

もちろん現在も心身二元論をとる研究者もいます。意識、それ自体は物ではないという考えが基調となっています。また意識を幅広くとらえて、環境システムの中に意識、こころが存在すると考える人たちもいます。

心身問題はいつ解決されるか予想がつかない問題ですが、人間とは何かを追求すればするほど、人間の多様性、社会の多様性のなかで人間をとらえていくことになるのではないでしょうか。自然科学が発展しても、どう生きるかということは重要であることに変わりはありません。第四次産業革命という言葉が使われ始めていますが、人工知能が発展し社会の仕組みが変わろうとも、生活の基本として個人や社会の哲学が重要であることに変わりはないと思います。人生とは何であるか、寿命の長い短いだけで無く人生におけるQuality of Happiness（ＱＯＨ）が重要になると思います。

現代の哲学は、あくまで私の印象ですが、記号論理学、数理論理学の影響を受けギリシア時代とは異なりデジタルの世界に入ってきているような感じがします。根本は何かという問いから始まった西洋の哲学は、理性をずっと議論してきました。特に、神との関係において理性は重要でした。やがて理性は精神を初めとする言葉に置き換えられ、アリストテレス論理学から脱却し、言語哲学の興隆とともにさらに要素還元的な世界に突入しています。方や、脳科学、神経科学はこれまで数字データを重んじてきましたが、人間とは何かを問い始めれば始めるほどデジタルだけでは語れないアナログ的なことも対象としていくでしょう。哲学は数式の世界に行き、脳科学は人間の世界に向かう。昔となにやら逆転の様相もありますが、アナログをキーワードにすることで哲学もまた人間とは何かについて数理だけでは語れない部分が重要になるのではないでしょうか。

科学技術の発展はめざましいものがあります。いまや科学技術で得られた知見が社会の規範の根幹をなすようにもなってきています。いろいろな法律や規則あるいはガイドラインなど様々な文書に科学技術で得られた知見を元にした記述が見受けられます。グローバリゼーションの中、欧米のスタンダードで日本も競争できるようにしないと世界の波に遅れてしまうということがよく議論されます。社会や個人の存在基準の欧米化と言ってもよいかもしれません。科学技術における知の体系は統一化に向かっていることが背景にあるかと思います。しかし、それでもなお日本独自の視点があっても良いのではないでしょうか。

もう一つの知の体系である哲学はどうでしょうか。今回は西洋哲学の歴史を振り返ってみました。第二部の冒頭で脳の位置づけに触れましたが、日本も含め東洋の哲学大系とは違った趣きが西洋の哲学大系にはあります。両者の哲学大系を一緒にして均質化させる必要はありませんが、体系と体系の比較は、科学技術全盛の現代においてあらためて人間とは何かを探求することに貢献すると思います。

なお、巻末に西洋哲学、心理学の流れ図を記載しました。ある人物の思想が別の人物の思想に影響した代表例を矢印で示しました。

あとがき

本書は科学的な考察ではなく、一人の市井人としてこころについて思ったり、考えたり、学んだりしたことで別々に書きためていた原稿を見直し、一冊にしたものです。内容が多岐にわたったことはご容赦いただきたいと思います。伝えたいことが十分表されたかどうか本書の内容も含めまして、ご批判をいただけましたら幸甚です。

今回の出版にあたりましては医学舎の松澤正博様をはじめ、多くの方のご支援をいただきました。特に、家族サービスを優先すべきところ、執筆に時間を割くことを許してくれた妻には感謝しております。また、貴重なコメントを頂きました神尾陽子博士、林崇博士、大寺雅子博士に感謝いたします。

今の世に生を得た身としまして、本書を通しましてなにか次の世代の人々に伝えることができましたら喜びです。

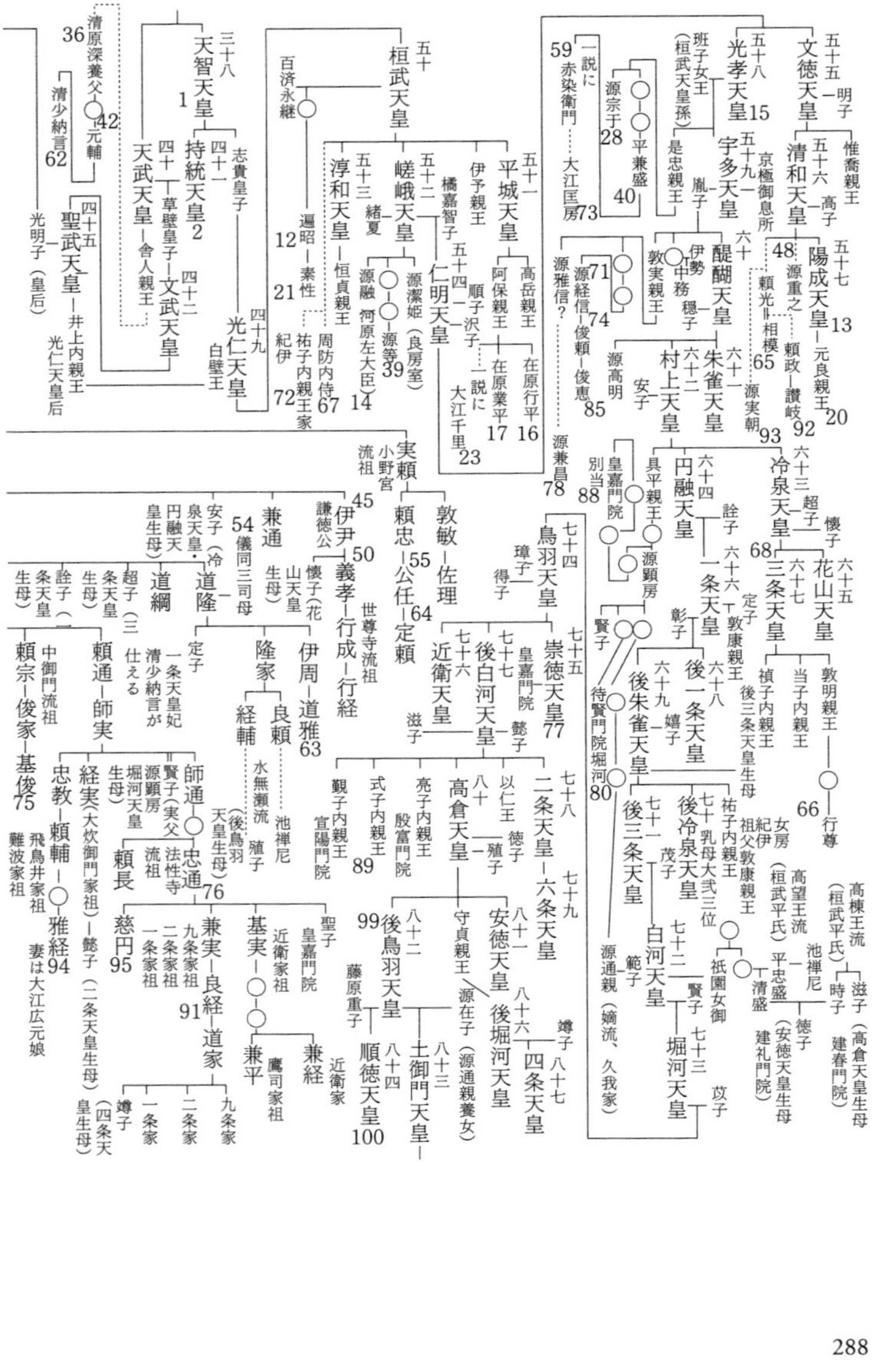
五十五 文徳天皇 明子
惟喬親王
五十六 清和天皇 高子
五十七 陽成天皇 13
元良親王 20
源重之 48
頼光 相模 65
頼政 讃岐 92
源実朝 93
五十八 光孝天皇 15
班子女王（桓武天皇孫）
五十九 宇多天皇
京極御息所
是忠親王
胤子
六十 醍醐天皇
伊勢 中務 穏子
敦実親王
源宗于 28
平兼盛 40
一説に 赤染衛門 大江匡房 73
59
源雅信？
源経信 俊頼 俊恵 71 74 85
源兼昌 78
源高明
安子
六十一 朱雀天皇
六十二 村上天皇
六十三 冷泉天皇 超子
懐子
六十四 円融天皇 詮子
六十五 花山天皇
六十六 一条天皇 定子 彰子
敦康親王
六十七 三条天皇 68
禎子内親王
当子内親王
敦明親王
行尊 66
六十八 後一条天皇
六十九 後朱雀天皇 嬉子
後三条天皇生母
具平親王
皇嘉門院別当 88
源顕房
賢子
待賢門院堀河 80
七十 後冷泉天皇 乳母大弐三位
七十一 後三条天皇 茂子
七十二 白河天皇 賢子
七十三 堀河天皇 苡子
祐子内親王
紀伊 祖父敦康親王
女房
祇園女御
源通親（嫡流、久我家）
高望王流（桓武平氏）
池禅尼
平忠盛
清盛
徳子（安徳天皇生母 建礼門院）
高棟王流（桓武平氏）
時子
滋子（高倉天皇生母 建春門院）
七十四 鳥羽天皇 璋子 得子
七十五 崇徳天皇 77
皇嘉門院
七十六 近衛天皇
七十七 後白河天皇 懿子
滋子
七十八 二条天皇
七十九 六条天皇
八十 高倉天皇 殖子
以仁王
徳子
亮子内親王 殷富門院
式子内親王 89
覲子内親王 宣陽門院
八十一 安徳天皇
守貞親王
八十二 後鳥羽天皇 99
藤原重子
源在子（源通親養女）
八十三 土御門天皇
八十四 順徳天皇 100
八十六 後堀河天皇
八十七 四条天皇 竴子
三十八 天智天皇 1
四十一 持統天皇 2
志貴皇子
四十 天武天皇
草壁皇子
舎人親王
四十二 文武天皇
四十九 光仁天皇 白壁王
四十五 聖武天皇
光明子（皇后）
井上内親王 光仁天皇后
清原深養父 36
元輔 42
清少納言 62
五十 桓武天皇
百済永継
遍昭 12
素性 21
五十一 平城天皇
高岳親王
阿保親王
在原行平 16
在原業平 17
伊予親王
五十二 嵯峨天皇 橘嘉智子
源潔姫（良房室）
源融 河原左大臣 14
源等 39
五十三 淳和天皇
恒貞親王
周防内侍 67
祐子内親王家紀伊 72
五十四 仁明天皇
順子 沢子
一説に 大江千里 23
緒夏
実頼 小野宮流祖
頼忠 55
公任 64
定頼
敦敏 佐理
伊尹 45 謙徳公
義孝 50
懐子（花山天皇生母）
行成 行経 世尊寺流祖
兼通
安子（冷泉天皇・円融天皇生母）
道隆 54 儀同三司母
伊周 道雅 63
隆家 良頼 経輔
定子 一条天皇妃 清少納言が仕える
道綱
超子（三条天皇生母）
詮子（一条天皇生母）
頼通 師実
頼宗 俊家 基俊 75 中御門流祖
忠教 頼輔 雅経 94 難波家祖 飛鳥井家祖 妻は大江広元娘
経実（大炊御門家祖）
懿子（二条天皇生母）
賢子（実父源顕房 堀河天皇生母）
師通 忠通 76
頼長
法性寺流祖
皇嘉門院聖子
池禅尼
水無瀬流 殖子（後鳥羽天皇生母）
兼実 九条家祖
良経 91
道家
慈円 95
基実 近衛家祖
兼平 鷹司家祖
兼経 近衛家
九条家
二条家
一条家
竴子（四条天皇生母）

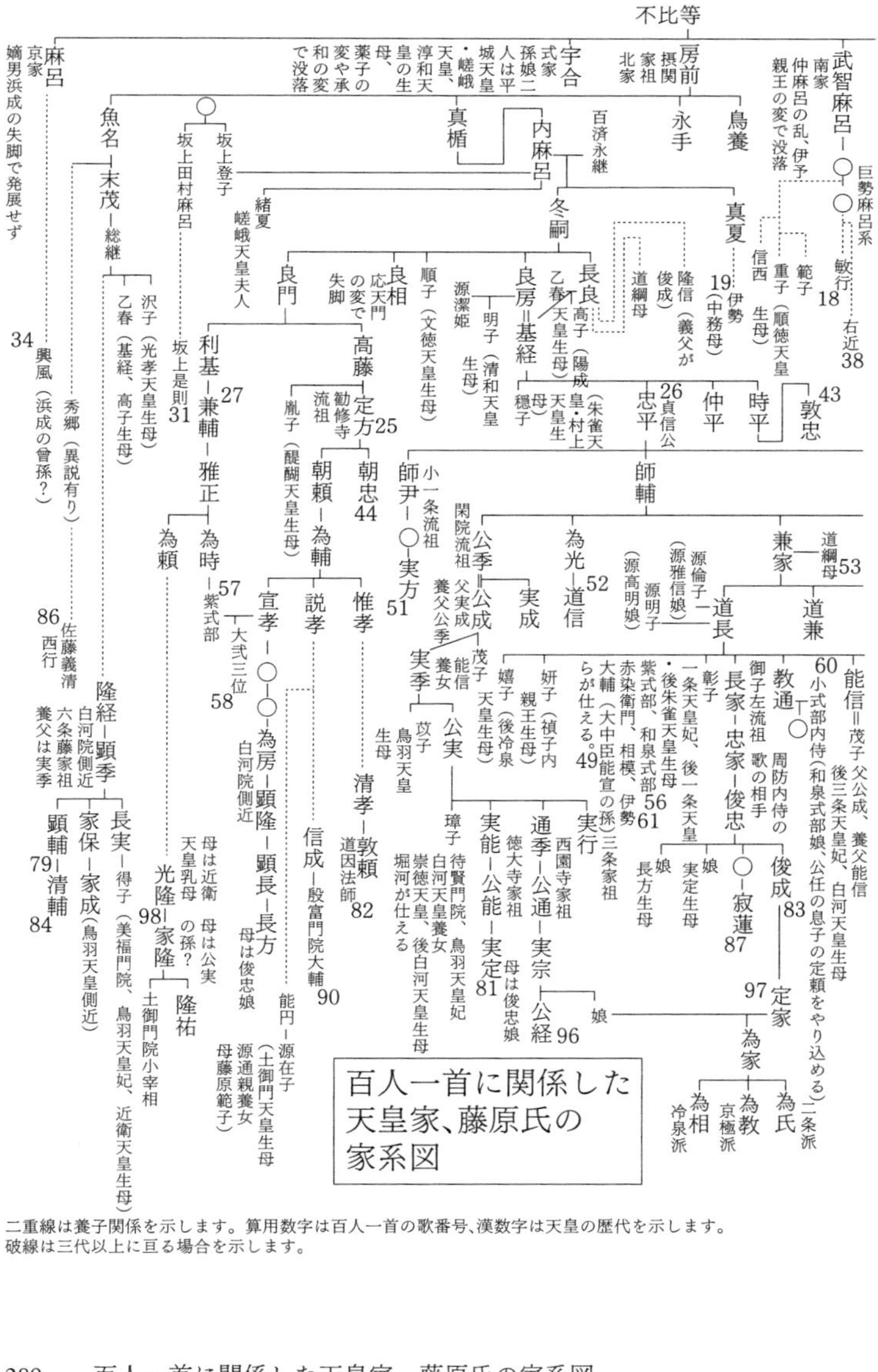

二重線は養子関係を示します。算用数字は百人一首の歌番号、漢数字は天皇の歴代を示します。
破線は三代以上に亘る場合を示します。

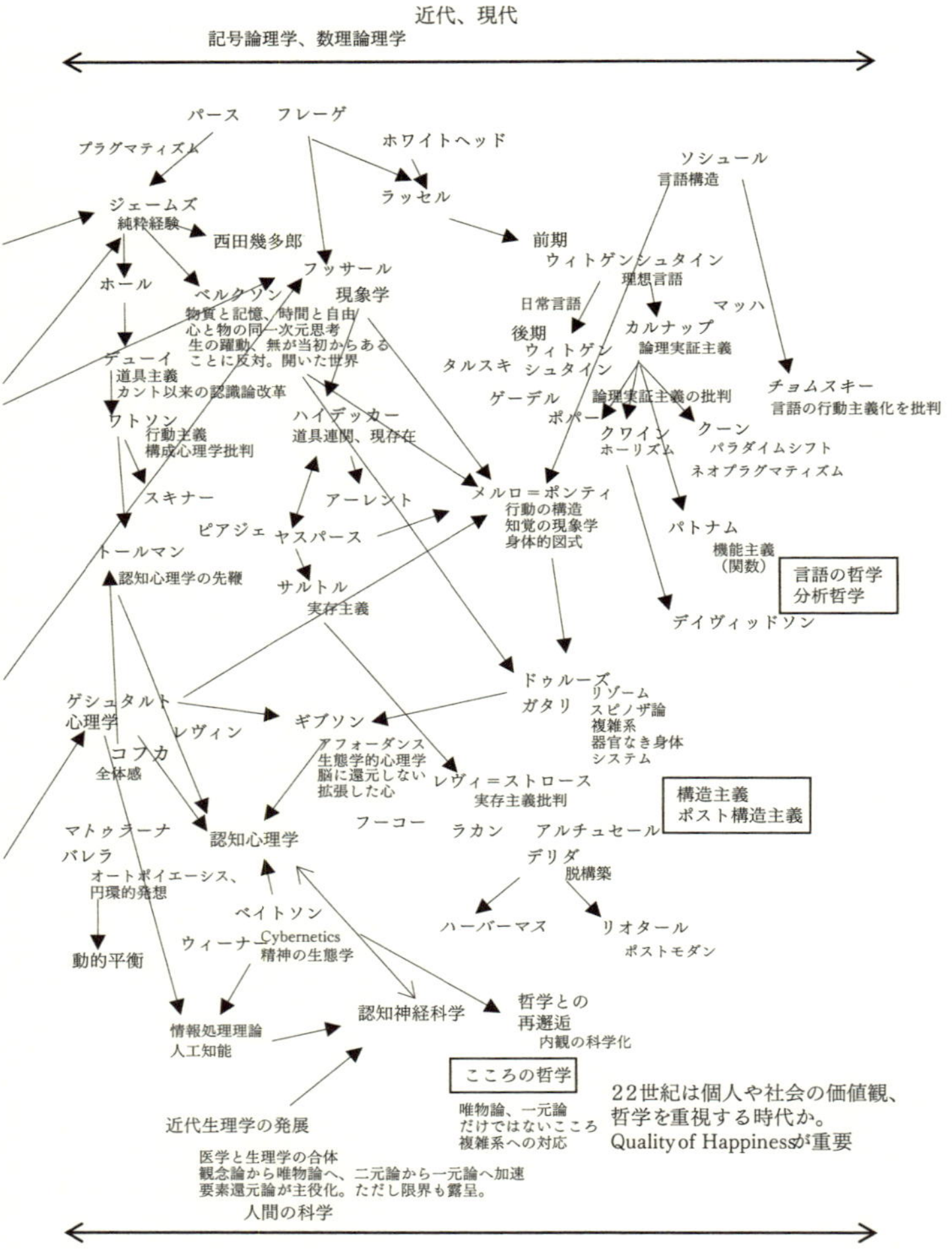
近代、現代
記号論理学、数理論理学
パース
フレーゲ
プラグマティズム
ホワイトヘッド
ラッセル
ソシュール
言語構造
ジェームズ
純粋経験
西田幾多郎
前期
ウィトゲンシュタイン
理想言語
ホール
ベルクソン
物質と記憶、時間と自由
心と物の同一次元思考
生の躍動、無が当初からある
ことに反対。開いた世界
フッサール
現象学
日常言語
マッハ
後期
ウィトゲン
シュタイン
カルナップ
論理実証主義
デューイ
道具主義
カント以来の認識論改革
タルスキ
チョムスキー
言語の行動主義化を批判
ゲーデル
論理実証主義の批判
ポパー
ワトソン
行動主義
構成心理学批判
ハイデッカー
道具連関、現存在
クワイン
ホーリズム
クーン
パラダイムシフト
ネオプラグマティズム
スキナー
アーレント
メルロ＝ポンティ
行動の構造
知覚の現象学
身体的図式
ピアジェ
ヤスパース
パトナム
機能主義
（関数）
言語の哲学
分析哲学
トールマン
認知心理学の先鞭
サルトル
実存主義
デイヴィッドソン
ドゥルーズ
ガタリ
リゾーム
スピノザ論
複雑系
器官なき身体
システム
ゲシュタルト
心理学
レヴィン
ギブソン
アフォーダンス
生態学的心理学
脳に還元しない
拡張した心
コフカ
全体感
レヴィ＝ストロース
実存主義批判
構造主義
ポスト構造主義
マトゥラーナ
バレラ
認知心理学
フーコー
ラカン
アルチュセール
デリダ
脱構築
オートポイエーシス、
円環的発想
ベイトソン
ハーバーマス
リオタール
ポストモダン
ウィーナー
Cybernetics
精神の生態学
動的平衡
哲学との
再邂逅
内観の科学化
情報処理理論
人工知能
認知神経科学
こころの哲学
唯物論、一元論
だけではないこころ
複雑系への対応
22世紀は個人や社会の価値観、
哲学を重視する時代か。
Quality of Happinessが重要
近代生理学の発展
医学と生理学の合体
観念論から唯物論へ、二元論から一元論へ加速
要素還元論が主役化。ただし限界も露呈。
人間の科学

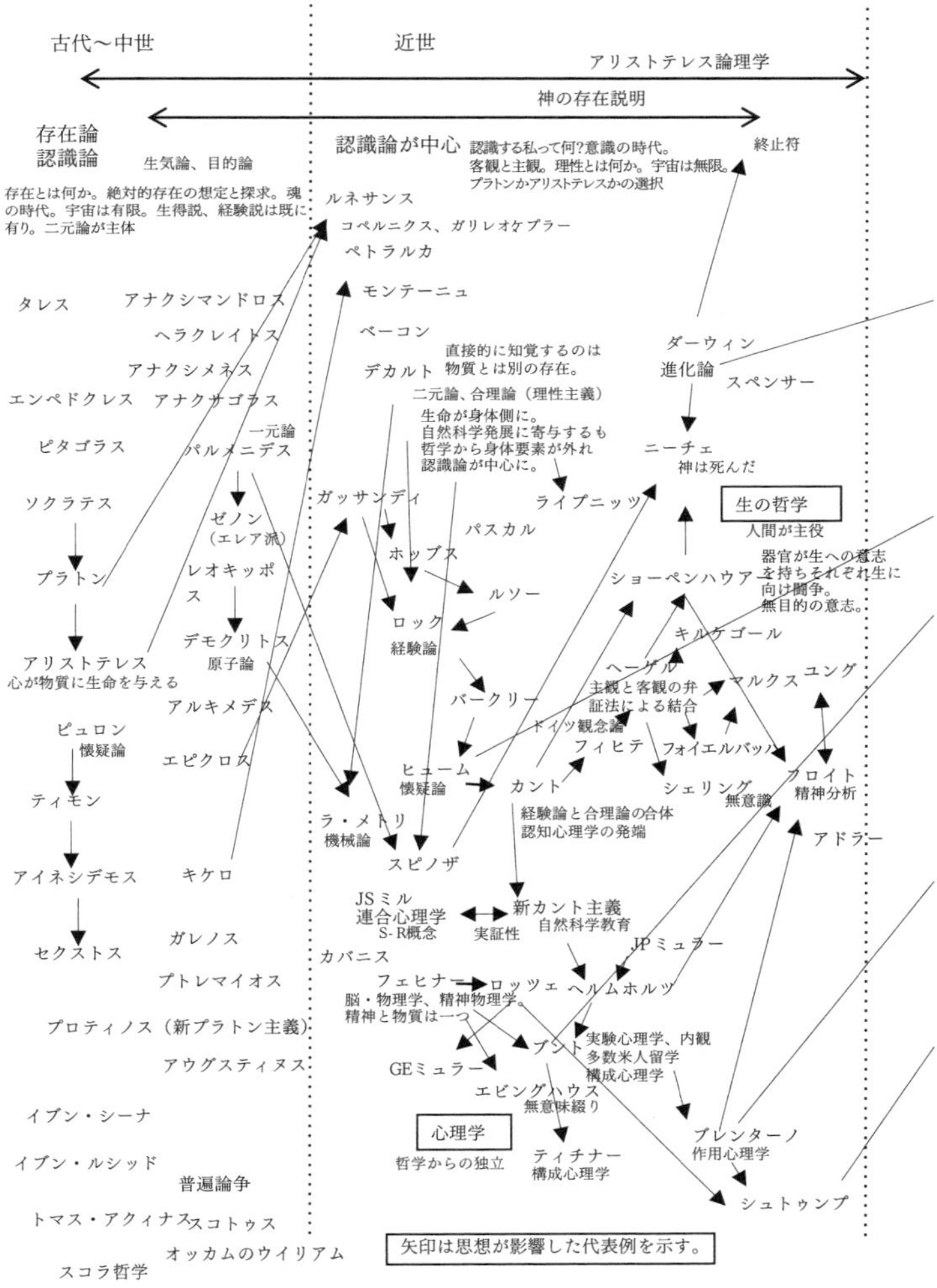

 西洋哲学、心理学の流れ図

書籍

『情緒と日本人』岡潔、ＰＨＰ研究所
『さび』復本一郎、塙新書
『侘び然び幽玄のこころ』桜の花出版、森神逍遥
『花鳥の使』尼ヶ崎彬、勁草書房
『有心と幽玄』手崎政男、笠間書院
『旧暦読本』岡田芳朗、創元社
『マンガで覚える図解百人一首の基本』吉海直人、土屋書店
『知識ゼロからの百人一首入門』有吉保、幻冬舎
『日本医学史研究余話』服部敏良、科学書院
『図解雑学哲学』貫成人、ナツメ社
『Oxford Dictionary of Philosophy』Simon Blackburn、Oxford University Press
『哲学の起源』ガゼット著、佐々木孝訳、法政大学出版局
『物語哲学の歴史』伊藤邦武、中公新書
『プラトンティマイオス／クリティアス』プラトン著、岸見一郎訳、白澤社

『ヘルメス文書』荒井献＋柴田有訳、朝日出版社
『デカルトとカント』円谷裕二、北樹出版
『ヒポクラテス古い医術について他八篇』ヒポクラテス著、小川政恭訳
『環境に拡がる心－生態学的哲学の展望』河野哲也、勁草書房
『生命記号論－宇宙の意味と表象－』ホフマイヤー著、松野孝一郎、高原美規訳、青土社
『ドゥルーズの哲学』小泉義之、講談社学術文庫
『ドゥルーズ解けない問いを生きる』檜垣立哉、ＮＨＫ出版
『ルネサンスとは何であったのか』塩野七生、新潮文庫
『流れを読む心理学史』サトウタツヤ、高砂美樹、有斐閣
『心理学史への招待』梅本尭夫、大山正、サイエンス社
『老子を読む』楠山春樹、ＰＨＰ文庫

論文

「やまとうた」と「からうた」―古今和歌集の序文から見る―、胡潔、言語文化研究叢書、２００６年
『古今和歌集』仮名序の真価を探る―「六義」と「歌のさま」の問題を中心に―、大野ロベルト、

アジア文化研究、２０１３年
天平の歌学び―直訳体短歌の方法―、辰巳正明、成城国文学、１９８５年
藤原基俊の歌論―その古典意識について―、寺田純子、国文学研究、１９７３年
源俊頼の和歌：古歌利用の方法をてがかりとして、鳥井千佳子、百舌鳥国文、１９８５年
藤原衛の生涯、山﨑雅稔、帝京大学外国語外国文学論集、２０１２年
万葉集の意義、中西進、古代文学会報告
「万葉集」の成立について、坂本信幸、古代日本の言語文化、２００６年
続・万葉集の形成（下）―平安朝文献の意義―、中西進、成城国文学論集、１９６８年
余情の美学―和歌における心・詞・姿の連関―、大石昌史、哲學、２００７年
日本におけるアタッチメント研究の展開、山本政人、人文、２０１０年
自己愛的自己評価プロセスに関する一考察、原田新、神戸大学大学院人間発達環境学研究科研究紀要、２００８-09年
ギリシアポリスの形成と市民、的射場敬一、政經論叢、２００８年
オッカムにおける法、権利、財産、長谷部恭男、企業と法創造、２０１２年
清貧と所有―ウィリアム・オッカム研究（一）―、小林公、法制史研究、１９８０年
ことばともの：オッカム倫理学研究、清水哲朗、北海道大學文學部紀要、１９８３年
ゲーテと錬金術、髙橋義人、モルフォロギア、２００２年

デカルトの人間論、佐藤公一、香川大学経済論叢、２０００年
Justin Skirry『デカルトと人間本性の形而上学』、野々村梓、メタフュシカ、２００９年
非デカルト的身体論の諸相、大黒岳彦、明治大学社会科学研究所紀要、２００５年
魂の諸相、和泉田健治、人間学紀要、２００９年
スピノザにおける 自由と決定論について、井上義彦、長崎大学教養部紀要人文科学編、１９８２年
ロックの自然法論、小川晃一、北大法学論集、１９６４年
ヒューム経済論について—経済政策の原理として—後藤昭八郎、国民経済雑誌、１９７６年
ヒュームの懐疑論と彼によるその解消（本文）、久米暁、哲学論叢、２０００年
ヒュームと帰納的懐疑主義、ヘレン・ビービー、国際哲学研究、２０１４年
ヒューム自我論における「知覚の所有者」問題、岡村太郎、哲学論叢、２０１２年
カントの宗教論、宇都宮芳明、北海道大學文學部紀要、１９９５年
ドイツにおけるカント哲学の普及と復興、柴田隆行、井上円了センター年報、１９９６年
カントの自然科学論における自然法則観、松本俊吉、科学基礎論研究、１９９４年
カント批判哲学の解明（その2）、森哲彦、人間文化研究、２０１１年
自由の形而上学、野口勝三、京都精華大学紀要、２０１４年
自然観における機械論と目的論、及びその調停的な両立性—環境問題を考察する視座のために、

井上義彦、長崎大学教養部創立30周年記念論文集、１９９５年
ヘーゲルにおける論理学・形而上学・方法論、牧野廣義、阪南論集人文・自然科学編、２０１２年
シェリング同一哲学とヘーゲル初期哲学体系構想の差異、伊坂青司、ヘーゲル哲学研究、２００６年
ゲーテとヘルムホルツ―色彩知覚と帰納科学の多様な側面をめぐって―、福田覚、モルフォロギア、２００４年
初期ニーチェにおける「生理学」、山本恵子、早稲田大学大学院文学研究科紀要、２００６年
志向性という問題―ブレンターノとフッサール―、森村修、異文化論文編、２００７年
モデル・構造・理論と方法論―レヴィ＝ストロースの社会構造体に関連して―、三神俊信、政経論叢、１９８２年
ベルクソンとメルロ＝ポンティ：心身の象徴的関係について、大小田重夫、哲学、２００１年
ベルクソンの自己生成―内的啓示としての直接的経験―土屋靖明、東北大学大学院教育学研究科研究年報、２００７年
プロティノスの時間概念とベルクソンに見るその継承について、小林博和、The Basis：武蔵野大学教養教育リサーチセンター紀要、２０１６年
直示詞の機能とその意味―フッサール『論理学研究』第一研究の根本的問題点―、宮原勇、フッ

サール研究、2003年
フッサールの心理主義批判、佐藤英明、中央学院大学人間・自然論叢、2003年
数学的直観―フッサール現象学と数学の哲学―、貫成人、フッサール研究、2004年
現象学と経験の不可能性の条件、谷徹、フッサール研究、2003年
生命システムとしての意識―現象学とシステム論の統合に向けて―、野家伸也、フッサール研究、2003年
F. J. ヴァレラの神経現象学における時間意識の分析(1)―神経ダイナミクスと過去把持―、武藤伸司、東洋大学大学院紀要、2011年
ヴィットゲンシュタインにおける「私的言語」の問題―〈私〉を巡る一考察―、神尾和寿、流通科学大学論集―人間・社会・自然編―、2008年
エドゥアルド・フォン・ハルトマンとフランス象徴主義、熊谷謙介、ヨーロッパ研究、2009年
科学的反実在論と自然主義、麻生尚志、北海道大学哲学会「哲学」、2010年
非法則的一元論の帰趨：デイヴィドソンとスピノザ、柏葉武秀、北海道大学哲学会「哲学」、2001年
「身体的人間」と「精神的人間」ディドロにおける二つの感受性概念、井田尚、仏語仏文学研究、2000年

哲学的理学と比較哲学、松尾宝作、印度學佛教學研究、1973年
デューイにおける「成長の哲学」の形成と展開—実験的探求と創造的知性—、神藤佳奈、明治大学博士論文、2015年
アメリカの法運用にみる道具主義の陥穽、椎名智彦、青森法政論叢、2010年
ゲーデルと哲学—不完全性・分析性・機械論（「ゲーデルと20世紀の論理学」東京大学出版会より）、飯田隆、2006年
ドゥルーズにおけるスピノザとニーチェの同一性—哲学における実践と批判の結合の試み—、大崎晴美、九州大学哲学会哲学論文集、1994年
デュエムの科学哲学における歴史の役割、安孫子信、科学哲学、1996年
デュエム=クワイン・テーゼとポパー、立花希一、科学哲学、1998年
ハンナ・アーレントとポスト・ハーバーマス的公共論—社会学におけるアーレント公共空間論の受容をめぐって—権安理、ソシオサイエンス、2006年
科学史家におけるリサーチ・プログラム論とは何か、高橋憲一、比較社会文化、1999年
ハーバーマスとデリダのヨーロッパ、三島憲一、早稲田政治經濟學雑誌、2006年
「今」と「瞬間」—フッサール／デリダ／バタイユ—、髙橋紀穂、太成学院大学紀要、と年
時間の脱構築、藤本一勇、早稲田大学大学院文学研究科紀要、2014年
「現前の形而上学批判」とは何であったか、中村康裕、AZUR，2000年

差延（differance）の効果としての子ども・大人概念の分化、土戸敏彦、九州大学大学院教育学研究紀要、2001年
差異の「差異」―ドゥルーズとデリダ―、檜垣立哉、大阪大学大学院人間科学研究科紀要、2002年
パトナムのモデル理論的議論と水槽の中の脳、津留竜馬、哲学誌、2000年
パトナムの「水槽の中の脳」について、島田祥子、人間文化論叢、2002年
記憶喪失と世界喪失―水槽脳になったばかりの人が持つ記憶は元の世界を指示できるか？―、柴田正良、哲学・人間学論叢、2012年
水槽の中の脳型懐疑論を論駁する、神山和好、科学基礎論研究、2004年
悪霊とマッド・サイエンティスト、飯田隆、「デカルト読本」（法政大学出版局）収載、1996年
意味論的内在主義の擁護に向けて：指示の概念の検討、仲宗根勝仁、メタフュシカ、2016年
「メディア論」の身体論的問題構制マクルーハンとマンフォードにおける身体・機械・メディアを中心に、井上雅人、京都精華大学紀要、2007年
「意味の供儀」と「至高性」―言語論から制度論へ―、高橋紀穂、追手門学院大学社会学部紀要、2010年
内容外在主義と媒体外在主義、呉羽真、哲学論叢、2011年

日本のこころ、西洋の哲学

２０１７年９月２５日　初版第１刷発行

著　者　和田 圭司

発行所　医学舎
東京都豊島区千早３-３４-５
TEL&FAX ０３-３５５４-０９２４

発売所　星雲社
郵便番号１１２-００１２　東京都文京区水道１-３-３０
TEL ０３-３８６８-３２７５　FAX ０３-３８６８-６５８８

印　刷
製本所　モリモトト印刷

ISBN ９７８－４－４３４－２３７２７－０　C００７７

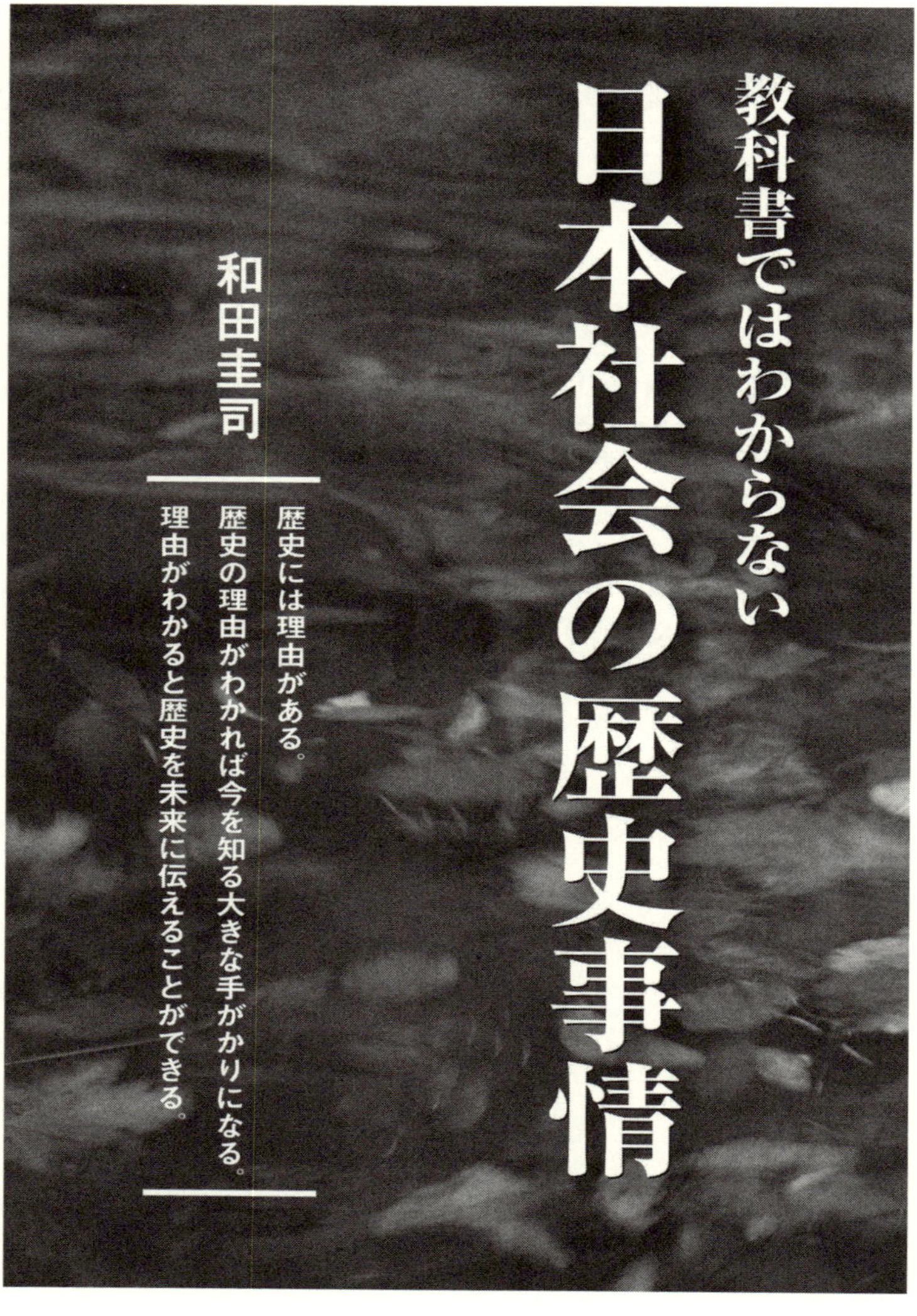

教科書ではわからない

日本社会の歴史事情

和田圭司

歴史には理由がある。
歴史の理由がわかれば今を知る大きな手がかりになる。
理由がわかると歴史を未来に伝えることができる。